An Introduction to
New Pastoralism & the Practice of Pastoral Complex

新田园主义概论与田园综合体实践

张 诚 ◎著

北京大学出版社
PEKING UNIVERSITY PRESS

图书在版编目(CIP)数据

新田园主义概论与田园综合体实践/张诚著.—北京:北京大学出版社,2018.11(2022.8 重印)

ISBN 978-7-301-29944-9

Ⅰ.①新… Ⅱ.①张… Ⅲ.①城乡一体化—研究—中国 Ⅳ.①F299.21

中国版本图书馆 CIP 数据核字(2018)第 229034 号

书　　　名	新田园主义概论与田园综合体实践 XIN TIANYUAN ZHUYI GAILUN YU TIANYUAN ZONGHETI SHIJIAN
著作责任者	张　诚　著
责 任 编 辑	耿协峰
标 准 书 号	ISBN 978-7-301-29944-9
出 版 发 行	北京大学出版社
地　　　址	北京市海淀区成府路 205 号　100871
网　　　址	http://www.pup.cn　新浪微博:@北京大学出版社
微信公众号	ss_book
电 子 信 箱	ss@pup.pku.edu.cn
电　　　话	邮购部 010-62752015　发行部 010-62750672 编辑部 010-62753121
印 刷 者	北京中科印刷有限公司
经 销 者	新华书店 650 毫米×980 毫米　16 开本　14 印张　250 千字 2018 年 11 月第 1 版　2022 年 8 月第 4 次印刷
定　　　价	69.00 元

未经许可,不得以任何方式复制或抄袭本书之部分或全部内容。
版权所有,侵权必究
举报电话:010-62752024　电子信箱:fd@pup.pku.edu.cn
图书如有印装质量问题,请与出版部联系,电话:010-62756370

前　言

"田园综合体"成了风行全国各地和行业的热词,这是笔者始料未及的。当初有心无意地"发明"了这么一个词,而今它成了一个热词、一个时代现象,进而会成为一个起到作用、留下历史印记的专有名词,无论如何,作为一个建筑学专业的毕业生,笔者内心是非常高兴的!

过去长期从事城市综合体规划、开发、运营工作,笔者习惯用建筑学、城市规划的视角来看社会经济发展状态、城镇化现象,以及与此有关的行业演变。在中国城镇化快速发展了几十年以后,我一直认为未来有两个方向会是需要重点研究的领域,一个是城市更新,一个就是乡村现代化。

2011—2012年,笔者在北大光华EMBA作毕业论文,借鉴城市综合体方法论里产业融合与业态综合运营的思维逻辑,并且用"田园"来表达美好人居环境的理想,提出了"田园综合体"这个概念。当时,好多同事同学还表示这个词有点生硬,没想到今天广为人知,念起来也不再觉得生僻拗口了。

在完成论文后,我和同事们勇敢地在全国寻找实践的机会,在跑了全国好多省市之后,这个不太说得清楚、当时绝大多数地方并不关注的发展模式,最终幸运地得以在无锡阳山落地实施,田园东方项目第一期完整建成并付诸运营。在无锡阳山实践的最初四五年里，我们跌跌撞撞，反复折腾。其实要感谢这段不为大多数内外部人理解的"折腾期"，我们在坚持中不断思考，完善了我们的理论和实践模型，并在过程中丰富了顶层设计、产业模型、运营逻辑。现在，我们提出的"田园综合体模式的三农社会生态生长模型"，是在实践中逐步想通的。

今天，迎来了乡村振兴的大背景、大思潮、大实践，田园综合体作为一种可操作的模式被广泛关注、广为应用。我和伙伴们除了高兴，也非常欣慰。越来越多的人参与到这个领域的实践中，绽放"芳华"，是这个时代多大的幸事呀！

在笔者的初心里，田园综合体是一种商业模式、一个理想乡村生活模型。这个概念被采纳进 2017 年中央一号文件后，从上到下，人们赋予了它更多新的含义。而我们最大的心愿，就是希望通过更多经得起时间检验、有影响力的项目实践，来验证我们提出的这个模式跑得通、可借鉴，传播四方！如今我们来到了祖国更多的地方，通过项目实践，希望将我们的思考和实践成就，留在美丽中国的美好环境中，留在人们美好的生活里！

有人问，你们为什么叫"田园东方"而不是更容易理解的"东方田园"？我说，"东方田园"听起来只是一个项目，而"田园东方"是愿景！感谢田园东方的伙伴们，没有什么比能一起从事一场有机遇、有召唤、有意义、能成就的事业更美好的人生了。感谢一路同行的伙伴，感谢帮助我们的朋友，感谢阳山镇，感谢万达集团、东方园林给过我的平台。

伙伴们让我把这几年关于田园综合体的零散文章、思考写成书，但我更想写的，不是"田园综合体"，而是"新田园主义"。"田园综合体"只是暂时的概念、热潮，而对于"新田园主义"

前　言

的追索，却可以让我们长期思考。请大家看正文吧，虽然仍只是浅浅的思考。

特别感谢乔金亮、周琳、张金玲、段醒予等帮助我整理书稿，还有方森在当年帮助我完成论文，感谢北大陈玉宇老师的关心指导，感谢周其仁教授给了我鼓励和鞭策。

最后，最要感谢的是我的爱人，是她在第一个项目实践最困难的时候，住在"村子"里，以"一己之力"，开办了拾房书院和今天的稼圃集民宿。这个呈现"拾房村故事"的地方，是新田园主义精神和实践内核呈现的中心！当然，在这个有福的事业里，也孕育了我们幸福美好的生活！

在2014年示范区开业前，我构想了一句饱含情怀的宣传语："复兴田园，寻回初心"。一位有心的朋友在当时项目村道边写着这句话的广告牌前，抓拍了一张一群扎着红领巾的少年在这句口号下跑过的照片。从此，我把这张照片作为我的微信封面。"复兴田园，寻回初心"这句口号挂在我的微信头像上面，始终不变！

张　诚

2018年6月

目 录

第一章 新田园主义背景 / 1
一、我国城镇化发展进入新时期 / 4
二、城乡发展不平衡、农村发展不充分问题凸显 / 8
三、乡村发展迎来政策机遇期 / 14
四、中国城乡融合发展需要顶层设计 / 19

第二章 新田园主义探索构建 / 25
一、霍华德的探索：田园城市理论 / 27
二、费孝通的探索：城乡协同发展思想 / 38
三、结合中国现状的探索 / 47

第三章 新田园主义的主张 / 59
一、新田园主义者眼中的于特耶纳 / 61
二、新田园主义十大主张概述 / 69
三、新田园主义十大主张之间的关系 / 87

第四章 新田园主义商业模式——田园综合体 / 93
一、田园综合体发展模式提出的背景和价值 / 95
二、田园综合体的内涵及特征 / 109
三、田园综合体的要素模型和实施构想 / 112

四、田园综合体目前面临的挑战和未来发展　/ 118

第五章　综合体思维和"三农"生态生长模型　/ 129

一、综合体思维　/ 131

二、田园综合体的结构化原则　/ 135

三、综合体的"三农"生态生长模型　/ 140

第六章　田园综合体的实践　/ 153

一、田园综合体的田园东方实践　/ 155

二、袈蓝建筑和乡见设计的实践　/ 187

三、田园综合体的其他实践　/ 196

参考文献　/ 207

田园东方企业简介　/ 211

第一章

新田园主义背景

我们的头脑中有一幅理想乡村生活画卷，画卷里的中国乡村丰饶、恬静、美丽，就像欧美和日本的乡村、小镇。并且，它触手可及，就在我们身边，围绕着我们，是我们生活的家园。这样的描写是新田园主义理论的理想画面。它与习近平总书记所提出的"农村绝不能成为荒芜的农村、留守的农村、记忆中的故园"的施政理念不谋而合。

理论的产生总是与实践相伴，新田园主义的提出具有问题导向。山水林田湖草会说话，它们让人们懂得，在中国，深知乡村，熟悉城镇，读懂农民，是艰深的必答题，是做好一切与农村和城镇有关事情的前提。伴随着城镇化发展进入新时期，乡村的衰败常令人扼腕叹息，一系列"乡村病"让人忧心。然而伴随城镇化而来的资源透支、交通拥堵、生态退化和环境污染等"城市病"，也使得逆城市化之风悄然来袭，加之农业农村优先发展的政策支持，乡村的发展得以迎来新生。

如何较好地医治"城市病"和"乡村病"，破解城乡二元结构的诸多问题，成为当下的热点。新田园主义应运而生，对国家而言，它是一种城乡建设方法论，对个人而言，它是一种生活方式理念。在全面建成小康社会的决胜阶段，它对解决"三农"问题也许能发挥关键性作用。同时，新田园主义的模式将极大推动新型城镇化进程和田园城市建设，也是推动城乡统筹发展、促使中国乡村走向现代化、实现新农村和小城镇经济社会全面发展的一种模式选择。

总体来看，新田园主义既是推进新型城镇化发展、建设田园城乡的指南，也是解决"三农"问题、激发农村要素活力的途径，还是关于城乡融合发展的理论体系。作为一种理论体系，它植根于中国城乡二元社会的土壤，既与城镇化发展进入新时期密不可分，又与乡村振兴迎来新机遇密切相关，还是应对城乡二元问题加剧的钥匙。

一、我国城镇化发展进入新时期

城镇化发展，一般指由以农业为主的传统乡村社会向以工业和服务业为主的现代城市社会转变的过程，核心是人口和经济的集聚，既包括土地的城镇化，也包括人口的城镇化。它是社会经济发展的重要表现和必然结果，包括人口职业的转变、产业结构的调整、土地利用方式的变化及文化领域的嬗变四大指标。

作为现代化的必由之路，城镇化是我国最大的内需潜力和发展动能所在。我国城镇化率从20%到40%只用了22年，这个过程比发达国家平均快了一倍多，增速居世界首位。2012年11月，党的十八大召开，为我国今后一个时期的发展绘就了蓝图，也开启了城乡发展的新征程。彼时，我国的城镇化率达到了52.57%，表明我们这个具有几千年农耕文明历史的农业大国，开始进入以城市社会为主的新阶段。十八大提出的新型城镇化概念，虽然仍沿袭原有城镇化的提法，但此城镇化已非彼城镇化。它不是对20世纪80年代以来城镇化的简单复归，而是一种扬弃，是城镇化的升级版。

十八大以来，党中央、国务院就深入推进新型城镇化建设作出了一系列重大决策部署，特别是《国家新型城镇化规划（2014—2020年）》在2014年3月发布实施以来，我国城镇化得到扎实有序推进，新型城镇化水平不断提高。新型城镇化建设的快速推进，已经成为重要的经济增长点，全国每年从农村进入城市的人口数以千万计。

城镇化水平提高的同时，其质量也在不断提升。2014年全国两会期间发布的政府工作报告指出，今后一个时期，将着重解决好现有"三个1亿人"问题，即促进约1亿农业转移人口落户城镇，改造约1亿人居住的城镇棚户区和城中村，引导约1亿人在中西部地区就近城镇化。将解决"三个1亿人"问题作为今后一个时期城镇化的重点，这也体现了我国城镇化不光注重量的扩大，更注重质的提升，核心是解决城镇化过程中人的需要。

在党的十八届五中全会上，"城乡发展一体化"屡次被会议公报提及，大会首次提出了"创新、协调、绿色、开放、共享"的新发展理念。按照中央精神，新理念体现在城乡统筹发展上，包括：创新就是要坚持新型工业化、信息化、城镇化、农业现代化四化同步；协调就是要坚持城镇化和产业结构调整同步推进，人民福祉和经济增长同步推进；绿色就是要形成生产、生活、生态空间的合理结构；开放就是要加快转变农业发展方式，走产出高效、产品安全、资源节约、环境友好的农业农村现代化道路；共享就是要健全城乡发展一体化体制机制，让城乡居民平等参与现代化进程、共享发展成果。

2016年2月，习近平总书记对深入推进新型城镇化建设作出重要指示，强调新型城镇化建设一定要站在新起点、取得新进展。要坚持以创新、协调、绿色、开放、共享的发展理念为引领，以人的城镇化为核心，更加注重提高户籍人口城镇化率，更加注重城乡基本公共服务均等化，更加注重环境宜居和历史文脉传承，更加注重提升人民群众获得感和幸福感。要遵循科学规律，加强顶层设计，统筹推进相关配套改革，鼓励各地因地制宜、突出特色、大胆创新，积极引导社会资本参与，促进中国特色新型城镇化持续健康发展。

党的十八大以来，中国的城镇化随着新型工业化加速推进，初步形成了以城市群为主体形态、区域中心城市为依托、县城和中心镇为基础的大中小城市和小城镇协调发展的城镇体系。城镇化的发展不再是单一模式，各地结合自然资源禀赋、产业发展基础，形成了一些特色城镇化的建设模式，有力地推动了城镇化的健康发展。根据国家统计局数据，2016年，中国城镇化率为57.35%。2017年10月18日，党的十九大报告提到，过去五年，"城镇化率年均提高1.2个百分点，8000多万农业转移人口成为城镇居民"，今后将"加快农业转移人口市民化"。

《中华人民共和国国民经济和社会发展第十三个五年规划纲

要》提出，到 2020 年，中国内地常住人口城镇化率要达到 60%。国家卫生和计划生育委员会、联合国开发计划署和中国社会科学院均预测，到 2030 年，中国的城镇化率将达到 70%。据复旦大学经济学院教授万广华预计，按照此前的速度，到 2030 年，中国的城镇化率将达到 75%。

尽管以上这些中国常住人口城镇化率的预测数据，距离发达国家 80% 的平均水平还有差距，但是国家统计局副局长毛有丰认为，考虑到目前我国城镇化率中包括了 1 亿左右的常住城镇的农民工，以及城市基础设施质量、人均拥有量与发达国家相比存在差距等因素，我国城镇化进程所蕴含的经济增长动力将更大，潜力也更大。

然而，我们也应该看到，在城镇化的过程中，外来人口在职业准入、公共服务、社会保障等方面仍然不能享有事实上的平等待遇，因此，要真正完成城镇化过程，将数以亿计的农村转移人口变为名副其实的城市市民，是未来面临的一大难题。今后的城镇化建设将从土地和看得见的城镇化转向人和看不见的城镇化，城镇的发展将从注重规模扩展向改善城市功能转变。

综上所述，当前，我国的城镇化已经进入了新的转型阶段，速度在减缓，质量在提升。城镇化的重点，已经由之前的数量增长问题，变成如何不断提高城市基础设施以及公共产品供给的能力，满足人们日益增长的美好生活需要。在我国经济从高速增长向高质量发展的新常态以及供给侧结构性改革的大背景下，未来中国城镇化发展的约束条件已经发生很大变化，这就要求适时调整城镇化发展思路，围绕"人的城镇化"，推进农业转移人口市民化、全面提升城市功能、加快培育中小城市和特色小城镇、辐射带动新农村建设等系统工程，统筹推进相关配套改革，因地制宜、大胆创新，引导城镇化健康发展。

用城市因素解决乡村问题，正是新田园主义理论提出的一大背景。新田园主义主张对接"三农"和城乡互动，与新型城镇化建设理念不谋而合，因为新型城镇化新在"人的城镇化"，其核心价值是"以人为本"，所以新田园主义在一定意义上正是新型城镇化实践层面的指导思想和落地路径。新田园主义恰恰要求，以城市元素与乡村结合、多方共建的方式，重塑中国城乡的美丽田园、美丽小镇。

二、城乡发展不平衡、农村发展不充分问题凸显

进入21世纪以来，我国经济实力显著增强，初步具备了工业反哺农业的条件。为了扭转城乡发展不平衡的状况，改善农村发展落后的面貌，让广大农民共享改革开放的成果，国家对工农城乡关系作出重大调整，通过"工业反哺农业、城市支持农村"的政策转向，开启了以统筹城乡发展解决"三农"问题的进程。减免征农业税、粮食种植补贴、贫困家庭子女就学"两免一补"以及新农合新农保等一系列强农惠农政策措施出台，有力地支持了农村发展。

在此基础上，中央进一步推出了社会主义新农村建设的战略举措。党的十六届五中全会提出建设社会主义新农村的重大历史任务，并明确了"生产发展、生活宽裕、乡风文明、村容整洁、管理民主"的具体要求。党的十七大进一步提出"要统筹城乡发展，推进社会主义新农村建设"，正式把新农村建设纳入国家建设的全局当中。此后，在一系列政策措施和财政资金的大力支持下，建设社会主义新农村成效显著，农村基础设施和公共服务水

平、农民生产生活条件和人居环境均明显提高,使广大农民初步享受到改革与发展的成果。

党的十八大以后,城乡发展一体化成为党和国家的工作重心之一,统筹城乡发展的力度再次加大。2013年的中央一号文件第一次提出了建设美丽乡村的奋斗目标。2015年的中央一号文件再次鲜明地提出了"中国要强,农业必须强""中国要富,农民必须富""中国要美,农村必须美"的目标。

党的十九大报告指出,我国社会主要矛盾已经转化为人民日益增长的美好生活需要和不平衡不充分的发展之间的矛盾。由此分析,经过几十年的快速城镇化和大规模人口迁移,城乡发展不平衡、农村发展不充分的客观矛盾,已经成为当下制约人们追求美好生活的现实障碍。笔者认为,这意味着:生活在城市的人们,希望有更加优美的环境,更加安全的食品;生活在乡村的人们,希望有更加完善的基础设施和公共服务,更加生态宜居的生产生活环境。

2017年底的中央农村工作会议提出,坚持把解决好"三农"问题作为全党工作重中之重,坚持农业农村优先发展,按照产业兴旺、生态宜居、乡风文明、治理有效、生活富裕的总要求,建立健全城乡融合发展体制机制和政策体系,统筹推进农村经济建设、政治建设、文化建设、社会建设、生态文明建设和党的建设,加快推进乡村治理体系和治理能力现代化,加快推进农业农村现代化,走中国特色社会主义乡村振兴道路。

2018年中央一号文件指出,在中国特色社会主义新时代,乡村是一个可以大有作为的广阔天地,迎来了难得的发展机遇。我们有党的领导的政治优势,有社会主义的制度优势,有亿万农民的创造精神,有强大的经济实力支撑,有历史悠久的农耕文明,有旺盛的市场需求,完全有条件有能力实施乡村振兴战略。要推动农业全面升级、农村全面进步、农民全面发展,谱写新时代乡村全面振兴新篇章。

梳理以上城乡发展的政策脉络,再结合城乡发展的实际,可以得出以下基本判断:近年来,尽管中央对统筹城乡经济社会发展、推进城乡发展一体化分别作出重大部署,初步形成工业反哺农业、城市支持乡村的发展框架,我国城镇化水平逐年提高,城乡一体化发展全面推进。但是,城乡发展的融合水平不高、城乡二元分割的结构仍是当前社会突出的结构特征。在构建新型城乡关系、推进城乡融合发展中仍存在一些突出问题,尤其表现在农村的短板和不平衡上。具体表现如下:

(1)城乡互动不足,农村要素单向流失较严重。一方面,对比农村,城市在工资收入、就业机会、生活环境等诸多方面具有内在吸引力,这种巨大的虹吸力加剧了乡村的瓦解。这使得城乡一体化在开始之初,城市就比乡村拥有更大的话语权,例如在制定政策、规划发展等方面,城市在很大程度上处于垄断地位、具有垄断权力,这导致了乡村发展的"空心化""失血化",出现乡村发展动力不足的问题。另一方面,乡村对城市的辅助作用不明显。由于城市在城乡发展一体化中所具有的垄断地位,乡村对于城市的作用和功能出现了一定程度的弱化,甚至一些人简单地认同乡村的从属地位,片面地把乡村定义为城市的后花园,乡村只负责提供单纯的消费性产品和服务,乡村的文化、社会、生态、生活等功能有被矮化和削弱的趋势。乡村不断向城市提供资源,导致自身经济发展缓慢、村庄空置、当地特色及文化消失,城乡差距越来越大。

(2)区域内、区域间城乡发展不均衡。作为一个拥有十三亿多人口的大国，从整个城乡发展一体化总态势上看，存在着东部沿海发达地区城乡发展一体化速度快、质量高，西部欠发达地区城乡发展一体化速度慢、质量低的问题；同一区域存在着城乡发展一体化中城市引领乡村作用强、乡村服务城市发展作用弱的问题；存在着同一省级行政区域内不同市县城乡发展一体化差距大等问题。这些问题直接指向一个核心问题：城乡发展一体化在发展时间、发展质量、发展态势等方面存在着显著的不平衡、不均衡；东部与西部地区的发展不平衡、不均衡。这些城乡发展、东西部发展不均衡的问题最终导致城乡发展一体化转化为"城市一体化发展"的尴尬局面。

（3）城乡土地资源配置矛盾凸显。无论城乡，土地都是最重要的生产资料和要素。然而，在这一要素的分配和利益补偿中，农民、农村处于不利地位。此前由于征地制度不规范、农村土地产权不完善，农村集体土地增值收益难以有效保障，加剧了城乡建设用地对农用地、生态空间的过度侵占。为保护18亿亩耕地红线和保障国家粮食安全，我国实施了耕地占补平衡、城乡建设用地增减挂钩等土地制度，但在实施过程中存在占优补劣、重数量轻质量和忽视农民利益的问题，对耕地的保护缺乏数量、质量、生态相结合的刚性全面保护机制。因农村宅基地退出机制缺失，我国农村居民点建设用地不减反增。为满足经济增长、粮食生产和生态服务的用地需求，各地探索了多种形式的农村土地整治和乡村社区建设模式，但由于缺乏制度化安排和必要的资金保障，致使部分农村社区基础设施建设滞后、产业支撑能力弱化。

（4）城乡污染一体化和农村生态问题日益凸显。无论城乡，生态环境都是发展之基、生存之要。加强生态文明建设，提高城乡发展生态质量，是促进城乡发展一体化的内在要求。当前，城乡发展一体化在促进城市和乡村协同、加强环境保护、倡导绿色生态理念方面已经取得了许多成就。但是，不可否认的是，城乡发展一体化也在很大程度上导致了污染一体化和污染转移问题。借助城乡发展一体化的便利条件和产业转移的趋势，城市的工业得以在乡村立足，但是由于部分工业治污技术的不完备，加之企业主体投入有限和乡村环境本身的脆弱性，一些在城市中出现的污染问题也在乡村中出现，城乡共同面临防治污染的生态难题。城乡污染一体化，根源在于伴随产业转移的污染转移。在强大的经济利益的攻势下，一些发达地区和城市中落后的、被淘汰的工业借助城乡一体化逐步向乡村转移，造成了污染的跨区域流动，严重破坏了乡村的生态环境。

(5) 城乡公共服务亟待均等化，农村期待公共财政阳光的普照。无论是乡村还是城市的发展，归根到底都是要服务于人的发展。当前，城乡发展一体化背后的城市和乡村在成果共享方面存在着不均衡。长期以来，农村居民难以享受到跟城市一样的教育、交通、医疗、社保等公共服务资源。以城乡二元户籍制度为基础的政策，导致了城乡居民在享受医疗、教育、公共服务等诸多方面的不同待遇。乡村基础设施和公共服务设施薄弱，很多进城农民虽然长期在城市居住，但在诸多方面不能与城镇居民享有同等权利。可以说，公共财政向农村倾斜、公共设施向农村延伸、公共服务向农村覆盖的任务繁重。

(6) 乡村的组织化程度没有跟上经济社会发展步伐，乡村发展后继乏人。市场经济越发展，农村在现代经济体系当中的参与度、依赖度也会越大。如果在此过程当中，农村不能充分发挥自己的比较优势，不能构建一种符合现代经济发展需求的组织形式，那么就会很容易被各种城乡的"剪刀差"推到一个更不利的位置。目前，乡村参与市场竞争的意识和能力有了明显提升。但是人的组织，则一直是乡村社会发展的大问题。如何在传统的熟人关系、宗族社会中，催生一种新的协同合作的关系，而且这种关系又不会彻底瓦解原有的社会关系、颠覆传统的文化和价值观，这是乡村振兴中很关键的一环。

（7）优秀的乡土文化凋敝，传统乡村精神亟待提振。随着乡村青壮年人口的外流，尤其传统生产生活方式的转变，以及社会关系的变迁，乡村传统文化的凋敝越来越严重。一方面，大量人口的外出，使得传统的节庆、风俗、饮食、手艺等非物质文化遗产失去了传承的土壤，很多人既不熟悉也不掌握。另一方面则是，在利益至上的原则支配下，很多乡村文化出现了异化，不少人感受到，过去建构在熟人社会上的亲切与温情瓦解了，并被功利主义所取代。客观地说，乡村文化的凋敝，不仅仅是乡村文化生活的松散、中断，更是乡村在精神上的自我放弃。因而在乡村振兴的过程中，亟待重新审视乡村的历史和文化，重塑乡村的价值，尤其要重新树立乡村的文化自信。

从以上分析可以看出，城市资源短缺、交通拥堵、生态破坏的状况，正在一步步侵蚀乡村；城乡经济发展差距仍然较大，县域经济发展仍然不足；城乡要素配置仍然不均衡，要素从农村单向流向城镇的趋势明显；城乡公共服务发展不平衡，农村公共服务能力亟待提升；城乡二元结构弊端仍然存在，户籍和土地等制度仍需完善。总而言之，城乡的二元差距，不仅仅表现在物质层面、制度层面，还表现在文化层面、精神层面。

综上，要解决城乡二元问题，必须通过乡村有效率的发展。乡村是一个社会，社会发展的主要路径是发展经济，而发展经济的主要路径是发展产业。那么，在乡村社会里什么样的产业是可以并需要发展起来的呢？在过去的工业化时代，乡村主要是以乡镇工业和传统种养业作为乡村经济的主流发展模式。然而快速工业化时代的乡镇工业模式之后，乡村社会里只有几个通用型产业可作为选择，即现代农业、农产品加工业和旅游产业。其中旅游产业（农村第三产业的核心）可作为引擎型产业，即用旅游产业来引导乡村社会经济的发展，在解决城乡二元矛盾的过程中，引导新型城镇化与城乡一体化发展。"用旅游产业引导乡村社会的综合发展并倡导城乡互动"可以作为乡村发展的一条有效途径，这也是新田园主义从原点出发的最主要的逻辑。

三、乡村发展迎来政策机遇期

乡村凋敝还是乡村复兴，乡村问题有解还是无解，每到春节，这一话题就伴随着各类"返乡记"的流行而火起来，牵动着人们的思绪。伴随春节这场地球上最大规模的人口迁移运动，数亿中国居民从城市回到生长的乡村，而乡村却一年年不再是儿时的家园。田园将芜胡不归？城市化的洪流，把年轻人卷入城市中，大量乡村成了空巢老人和留守儿童的据点。出于对家乡的感情，很多人恐怕不愿意接受这样的事实，但也无可奈何。如果年轻人能留下来，乡村的活力与面貌会大不一样，但过完春节，年轻人又像候鸟一样，飞到了城市中。

这里先不说结论，不妨先看看乡村发展的历程：众所周知，我国的改革开放是从农村开始的，农村改革三十多年取得了举世瞩目的成就，也为工业化和城市发展做出了巨大贡献。但是，如上所述，从现实情况看，城乡二元结构依然没有破解，不少农村存在集体资产"空壳"、青壮年"空心"、留守老人"空巢"和活力衰退现象。而且，随着经济社会的快速发展，广大农民对缩小城乡差距、共享改革发展成果有了更高的要求。

尽管2016年中国城镇化率达到57.35%，中国在城市里长期居住（指一年中有半年以上）的人越来越多，并且这个趋势还会持续下去，但是，中国仍然有5亿以上的农民生活在农村地区。由于面积广阔、人口庞大，乡村在中国的政治、社会、经济、文化等多个层面，仍会占据重要的位置。"小康不小康，关键看老乡。"在全面建成小康社会的背景下，作为"短板"的乡村，需要获得更好更快的发展。

值得庆幸的是，自从1996年中央提出解决"三农问题"后，城乡差距问题逐渐受到关注。从统筹城乡发展、推进新农村建设到美丽中国，再到乡村振兴战略，都是国家在不同的社会发展阶段的乡村发展战略。这一系列相关政策正在逐步推动乡村建设与发展，给乡村发展带来诸多契机。不久前，党的十九大报告提出了乡村振兴战略，更是既切中了当前乡村发展的要害，也指明了新时代乡村发展的方向，是城乡发展思路的战略性转变，其内涵更加丰富，时代感更强。

2018年中央一号文件提出的乡村振兴战略，其总要求是"产业兴旺、生态宜居、乡风文明、治理有效、生活富裕"，这是对新农村建设目标的超越和升华，体现了中央对农业农村定位的再思考。一是体现了"我国经济已由高速增长阶段转向高质量发展阶段"的特征，是农业农村发展到新的阶段提出的更高要求。二是体现了"形成有效的社会治理、良好的社会秩序"，"形成节约资源和保护环境的空间格局、产业结构、生产方式、生活方式，还自然以宁静、和谐、美丽"的目标。三是契合了新时代我国社会主要矛盾的变化，体现了"满足人民日益增长的美好生活需要"，使人民获得感、幸福感更加充实、更可持续。

由此可见，时下乡村振兴战略的提出根植于中国社会主要矛盾已发生变化这一新的时代背景，统揽了之前的"三农"政策，契合了新时期城乡要素流动的新趋势，为更好地解决"三农"问题提供了框架，势必会对中国乡村的未来发展产生深远的影响，乡村发展由此迎来新时代，这也是新田园主义理论和实践发展壮大的有利契机。具体来说：

第一，社会对城乡关系的认知更科学和完善。在很长时间里，多数人和部分学者是通过城镇化的视角来看待和分析乡村发展问题的。那时候很多观点认为，只要城镇化有序推进，就能解决农村问题。但随着中国农村发展，人们越来越认识到，农村的问题离不开城市，但更需要立足农村。城镇中国和乡村中国是一对命运共同体，其在互动中共同发展，但互相不能取代，不可偏废。例如，在十九大报告中，以往"城乡统筹"的表述变成了"城乡融合"这一新的表述。从统筹到融合，这是对当下中国的城乡关系、城乡发展规律的认知升级。"统筹"更多的是用城镇来统筹乡村，让乡村跟上城镇。但在"融合"的语境下，城市和乡村两者更为平等，互为融合的主体与对象。

第二，对乡村发展的定位和目标越来越明晰全面。乡村振兴战略将农业和农村发展融合起来，将农业现代化和新农村建设及美丽乡村建设统称为农业农村现代化，其内涵是农村也要像城市一样确立更具吸引力和宜居性的务实发展目标。与此前的社会主义新农村建设的要求（生产发展、生活富裕、乡风文明、村容整洁、管理民主）相比，农业农村现代化的总要求升华为"产业兴旺、生态宜居、乡风文明、治理有效、生活富裕"，是一种更高层级的发展目标和要求："产业兴旺"相比"生产发展"更具体；

"生态宜居"相比"村容整洁"体现了人民群众的生活追求由"物质文化需要"向"美好生活需要"转变;"治理有效"相比"管理民主"更好地体现了"坚持以人民为中心"和"人民当家作主"的发展方略。

第三,农村的基础设施等硬环境有了巨大改观。通过21世纪初的"村村通"工程,现在中国很多乡村都修了公路,大大地便利了和外界的联系。借助社会主义新农村建设、美丽乡村建设,很多农村的村容村貌有了明显改善,用水、供电、燃气、住房等配套齐全。另外,随着高铁、动车网络向中西部地区的延伸,大交通体系改善,使得很多原本偏远的地区,缩短了和东部沿海地区的时空距离。更为重要的则是,移动通信、互联网、快递等进入农村,而且越来越成为乡村基础设施的重要组成部分,极大地改变了乡村信息闭塞的处境。不同层面的基础设施的建设和本质性的提升,使得如今的"乡村"不再等同于落后、闭塞,很多乡村的特色资源因此有机会和市场直接对接,发展成为"淘宝村""电商村"。

第四,社会资本、工商资本对乡村的投资热在不断升温。多年以来,国家政策鼓励资本下乡带动农民增收致富,加上各类返乡下乡人员也认为农村是"广阔天地,大有可为",使得资本对乡村的投资热度也在逐步提升。国家统计局数据显示,第一产业固定投资增速连续多年超过二、三产业。尤其是借助休闲农业、乡村旅游、特色小镇等契机,借助农村建设用地入市试点和农村集体产权制度改革,很多乡村沉睡的资源得以变成资产,也带动了农村产业的多元化发展。十九大报告提出:"深化农村土地制度改革,完善承包地'三权'分置制度。保持土地承包关系稳定并长久不变,第二轮土地承包到期后再延长三十年。"此举保持了现有制度的稳定和延续性，也有利于促进农村土地市场有序流转，为资本下乡提供稳定的预期。

第五，农民的期待有了新的变化，更多元化、更高层次。十九大报告指出，我国社会主要矛盾已经转化为人民日益增长的美好生活需要和不平衡不充分的发展之间的矛盾。对乡村而言，这种矛盾可能更为明显。过去三十多年里，尽管农村仍有几千万的贫困人口，但绝大多数的农民已经解决了吃饱穿暖的问题。而农民显然不只满足于脱贫、温饱，也不满足于很基本的"老婆、孩子、热炕头"，他们同样对逐渐接近城市的公共服务和生活水平充满期待。在经济社会发展、社会财富快速增长的背景下，这种对缩小城乡差距、共享发展成果、过上美好生活的期待比以往都更为迫切。

总体来看，在建设社会主义新农村和美丽乡村建设等惠农政策的推动下，乡村面貌整体上发生了翻天覆地的变化，农民的幸福感不断增强。但是，城乡差距的现实，使农村的这些改变难以留住农民；而全国乡村之间发展的不平衡，使相当数量的村庄更是与"产业兴旺、生态宜居、乡风文明、治理有效、生活富裕"的目标差距显著，"空巢村""空巢老人""留守妇女""留守儿童"现象日益加剧，不但造成了严重的社会问题，也使得昔日繁华的村庄日渐衰败。

正如习近平总书记所指出，农村发展的核心是要解决好人的问题，通过富裕农民、提高农民、扶持农民，让农业经营有效益，让农业成为有奔头的产业，让农民成为体面的职业，让农村成为安居乐业的美丽家园。虽然国家有关部门已经出台了鼓励农民工返乡创业等相关政策，但还远远不够。只有进一步建立健全城乡融合发展的体制机制，加快推进农业农村现代化，才能使农村的活力被真正激发起来。乡村振兴战略就是在坚持统筹城乡发展的基本思路下，对农村发展战略的再提升，是全面激发农村发展活力的行动纲领。

笔者认为，有必要强调的是，乡村是中国文化、经济、社会发展的根，也是诸多城乡发展理论必须考虑的关键因素。无论过去、现在还是未来，城市与乡村从来都不是割裂的，而是共生共享的。如果说，我国城镇化的前半程，更多的是大中小城市快速发展的脚步，那么，城镇化的后半程则将拉开乡村从"后台"迈向"前台"的复兴大幕。新田园主义便是打开这张大幕，从而满足农民新期待、提升农民获得感的重要途径。

可见，新田园主义与国家乡村振兴战略高度契合，是乡村振兴战略的行动宣言书和实践的方法论。行文至此，本节一开始的问题也有了答案，乡村不会凋敝下去，乡村发展有解，答案就在新田园主义。新田园主义主张产业驱动和可复制，这种产业驱动是乡村全产业链，不再是简单的农业生产，而是借助科技创意和资本运作的力量，通过一、二、三产业融合发展，实现"三生"（生产、生活、生态）和"三产"（现代农业、加工业、服务业）的有机结合与关联共生，打造现代农业、休闲旅游、田园社区等城乡互动、产业融为一体的田园综合体。

四、中国城乡融合发展需要顶层设计

我国传统体制的城乡分割、土地分治、人地分离的弊端日益暴露，成为困扰当代中国城乡转型发展的重要难题。十九大报告提出"建立健全城乡融合发展体制机制和政策体系"，从此前的"城乡统筹"到如今的"城乡融合"，恰恰体现了观念上的重大转变,反映了中央对乡村的再定位,对过去重农业轻乡村的矫正,思路上也从政府主导向更重视市场作用、要素流通转变。只有进一步建立健全城乡融合发展的体制机制和政策体系,加快推进农业农村现代化,才能使农村的活力被真正激发起来。

让农村和城市不再隔离,为农村发展添加城市元素的应用。新田园主义的研究者和实践者面对中国城镇化进程中所遇到的困境与挑战,通过思考乡村发展中的优势资源与缺陷,深入研究国内外乡村发展的实践成果,发现乡村发展最重要的是农村一二三产业间的联动,当下中国乡村需要建设和发展以田园综合体为核心的新田园主义。

目前,我国农村有46%的全国常住人口,有25%—30%的人从事农业。刨除政府补贴部分后,农业产值占GDP的比例为7%至9%,因此,"乡村病"的产业根源在于有过多的人分配这7%至9%的总产值。因此,要破解"乡村病"就要富裕农民,而要富裕农民就要减少农民。市场的选择是将来农村大量的剩余人口从事别的行业,依赖农业的人口基数少了,农民就富了。过去这些年,这种农村剩余人口的转移,即进城务工,其本质上就是城镇化进程,其在客观上对乡村发展也有带动。

从中国的实际来看,城镇化包括农村人口进城、由中小城市进入大城市、大城市出现部分逆城市化、发达地区形成城市群等四个趋势。在这四个方面中,新田园主义所关注的是逆城市化和特色小镇领域的事情,此外还有广大乡村的产业和社区。

如此,借助新田园主义的实践,通过城乡融合发展,把公共资源和各类社会资本导入农村,推动基础设施和公共服务向乡村延伸,逐步消除城乡间基础设施差异,补齐乡村发展短板,让农民共享发展成果,这才是切合实际地解决"三农"问题的根本之道。有城乡之别,而少城乡之差。城市和乡村共存共荣,城乡居民共建共享美好生活,是对乡村价值的充分肯定与认同。

相对于"旧"的田园主义而言,新田园主义有着更积极的含义和实践的价值。它强调的是"复兴"而不是"归隐",是"追逐理想"而不是"消极避世"。对于个体而言,新田园主义不仅是一种生活态度,更是一种信念与情怀。无论是原住民还是新住民,它既强调了人与自然的和谐,更要求人们主动去掌握并顺应自然、经济、社会的规律。这就是所谓的"复兴田园,寻回初心"。与"旧"的田园主义相比,新田园主义又不只停留在一番情怀,而是结合社会环境、时代背景,以可持续成功的商业模式开展实践,务实地作用于中国乡村经济社会的发展。

正是在以上背景下,新田园主义理论瓜熟蒂落。以"田园综合体"这一名词首次进入2017年中央一号文件为标志,新田园主义成为一种主流思潮。连续多年出台的中央一号文件已经成为党中央重视"三农"问题的代名词。而作为一个此前从未提及的概念,2017年2月,作为新田园主义理论核心的"田园综合体"被写进了中央一号文件。文件提出,"支持有条件的乡村建设以农民合作社为主要载体、让农民充分参与和受益,集循环农业、创意农业、农事体验于一体的田园综合体,通过农业综合开发、农村综合改革转移支付等渠道开展试点示范"。

值得注意的是,在2017年中央一号文件中,建设田园综合体是在"培育宜居宜业特色村镇"一节中出现的。文件说,围绕有基础、有特色、有潜力的产业,建设一批农业文化旅游"三位一体"、生产生活生态同步改善、一产二产三产深度融合的特色村镇。支持各地加强特色村镇产业支撑、基础设施、公共服务、环境风貌等建设。打造"一村一品"升级版,发展各具特色的专业村。在之后的国新办新闻发布会上,时任中央农办主任的唐仁健解读说,培育宜居宜业特色村镇和建设田园综合体,是当前乡村发展新型产业的亮点举措。

一号文件发布后不久,财政部于2017年6月5日印发了《开展农村综合性改革试点试验实施方案》,此前还发布了《关于开展田园综合体建设试点工作的通知》,提速田园综合体的建设。根据通知精神,田园综合体国家级试点的规划周期为3年,确定试点省份18个,每个省份确定试点项目1至2个。村庄美、产业兴、农民富、环境优是其基本目标。通知虽然没有对田园综合体提出具体的定义,但已初露轮廓。按财政部的说法,就是农村生产生活生态"三生同步",一二三产业"三产融合",农业文化旅游"三位一体",集循环农业、创意农业、农事体验于一体。

截至2017年10月,河南、四川、河北、山东等省份陆续公布了国家级田园综合体试点项目,并安排省级财政资金予以支持。至此,这一由2017年中央一号文件首次提出、在政府层面运作并备受市场关注的概念,已经在现实中四处落地。可以预计,未来几年,田园综合体将以供给侧结构性改革为主线,培育出农业农村发展新动能,塑造美丽乡村新格局,为乡村振兴战略的实施提供一个新的重要的支撑点。

当前,新田园主义正面临政策大力支持鼓励和乡村旅游市场迅猛发展两大历史性机遇。有学者分析认为,从先行先试的田园东方无锡田园综合体样板来看,在新田园主义框架下,田园综合体要素集中、功能全面、承载力强,是城乡一体化的理想结合点和重要标志,能够实现农业产业链价值的深度挖掘、科技元素的注入、农业新业态的不断涌现,将其作为顶层政策加以设计,将对我国的农业现代化进程起到有力的推动作用。

如果说城乡一体化是典型的中国命题,那么新田园主义则是世界性的命题。其目的是,让城市与田园相互滋养,文化与田园融合发展,田园与产业交相辉映,农村与城镇良性互动,既能让市民感受到农村的田园气息,又能让农民享受到城市的生活品质。对中国来说,这是从城乡融合发展的角度对经济社会发展所做的顶层设计和规划,符合节约集约用地和保护耕地的政策方向,也包括了对城市建设、空间布局和土地利用的统筹。

在笔者看来,实施新田园主义,方能"乡村有解",其给村民带来的不仅仅是资金、技术、信息和先进的管理经营理念,以及生产能力和生活消费水平的提升,更重要的是对乡村文化的自信和农民精神面貌的改变以及城市居民更高需求的满足。农业也不再是简单的种植和养殖,而是被赋予了生态、休闲、文化传承等更多功能和期待。在乡村这个大舞台上,无论原住民还是游客抑或新住民,开展播种收割、拓展训练、稻田酒店、主题民宿、乡间民谣、民俗传承等活动,可为乡村复兴提供广阔的创新空间,形成以地域文化与特色产业为支撑的文化呈现形式与文化业态。

第二章
新田园主义探索构建

作为一种理论流派,新田园主义虽然正式产生在21世纪的中国,但它的形成和发展有其历史维度。霍华德的田园城市理论以及费孝通的城乡协同发展思想均对新田园主义的一些观点做出了贡献,不同的是,前者侧重政治学角度,后者侧重社会学角度。不过,其思想精髓均已吸纳进入新田园主义的理论范式。近年来,新田园主义在中国更快速地酝酿,周其仁和陈锡文的理论贡献以及特色小镇和田园综合体的实践探索成为新田园主义瓜熟蒂落的助推剂。

一、霍华德的探索:田园城市理论

(一)霍华德田园城市理论产生的时代背景和思想渊源

1. 田园城市理论是对工业革命促进下的高速城市化进程所带来的城市问题的早期探索

工业革命促使乡村人口不断地向城市迁移,城市越来越拥挤,乡村越来越萧条,持续了几千年的农业文明在工业革命的冲击下不堪一击,城镇平衡状态由此被打破,给城市带来巨大的影响。正如刘易斯·芒福德所说:"在1820至1900年之间,大城市里的破坏与混乱情况简直和战场上一样,这种破坏和混乱的程度正与该城市的设备和劳动大军数量成正比例……工业主义,19世纪的主要创造力，产生了迄今从未有过的极端恶化的城市环境。"它使大量的人口和工业疯狂地聚集到城市里，给城市发展造成了一系列的问题。"原有的城市结构关系已不复存在，新的城市功能又处于无序发展状态，交通拥挤、疾病肆虐，城市已不堪重负"，"当时的城市形态必然会显得矛盾重重和混乱不堪"，主要反映在以下三个方面：

第一，城市结构受到致命的破坏且难以修复。新的城市功能引发了许多新的城市用地形式，这些用地是给城市带来巨大财富、"充满活力"的因素——大片工厂区、交通运输、仓库码头区。工厂成为城市有机体的核心，其他一切都成了工厂的附属品。

第二，城市居住条件的恶化。当人口大量向城市聚集时，房地产主必然以土地投机来获取利润，在老城镇，把原来一户一家的住宅改为兵营式住宅，在城市的边缘地带则以小间距或无间距的排列进行布置，窗户狭窄，光线不足，单调而沉闷，质量低劣，拥挤不堪；工人居住区的肮脏程度可想而知，遍地垃圾。过度拥挤和昂贵的租金使得许多城市出现了更为糟糕的情况，地窖也用来居住，即使在20世纪30年代，伦敦仍然有2万人住在地下室里。在这些地区，除了缺少必不可少的儿童游戏场、公园、绿化等公共设施之外，甚至连起码的供水排水设施也没有，饮水、洗涤用水的缺乏导致污物积聚。就整个城市而言，居住水平的下降、居住条件的恶化趋势明显，不能满足人类最基本的生理需要。

第三，城市环境的恶化。随着工厂的聚集，城市变成了一个大工厂，城市环境恶化具有工业扩展的同样速度。"城市在急剧创造财富的同时笼罩在环境恶化的阴云之中。"

可见，工业革命给人类带来了喜悦，工业革命的急剧扩展同样也给城市带来了不幸。日益严重的城市化问题变成了社会广泛关注的一个问题，不同阶层、职业的人们"对于问题的迫切性，大家的看法是一致的，而且各自都在探索解决办法"，提出了各自的理论和观点，而霍华德的田园城市理论正是它们中的重要代表思想。

2. 三大运动与霍华德的田园城市理论

学术界一般认为，公共卫生运动、环境保护运动和城市美化运动是贯穿于西方的城市化全过程的三大运动，它们深刻地影响了城市规划的起源，并且始终与人类社会的进步相伴随。霍华德正是总结了这三大运动正反两方面的教训，提出了田园城市理论。

公共卫生运动起源于城市化发展初期。由于人类聚居模式的改变，导致了传染病的迅速蔓延。14世纪"黑死病"和后来几次传染病的爆发，促使欧洲各国关注城市环境整治和基础卫生设施建设，最主要的工程是城市上下水道、垃圾处理和环境卫生设施建设。为此，英国于1875年制定了世界上第一部公共卫生法，规定地方当局有义务建设标准的给水、排水系统，有权制订规划实施细则，并规定每一居室的最小面积和街道的宽度。在随后的50年，英国的城市规划一直由卫生部负责，后改由健康部负责。可以说，是城市疾病的发生及防治促发了城市规划的形成。

环境保护运动是针对工业革命所造成的被严重破坏的生活环境以及工人恶劣的居住条件等问题而兴起的。罗伯特·欧文等社会活动家认为环境问题必须解决，否则将导致全人类的灾难。为此，他们倡议通过有效的规划兴建工人住宅区，以改善工人生活条件和工作环境，健全服务设施，并倡导各阶层平等相处。这些工人新村的建立，得到了社会的承认。到了1890年，英国颁布了《工人阶级住宅法》，城市规划的雏形开始出现。

城市美化运动最早起源于19世纪欧洲城市中的林荫道建设，如奥斯曼的巴黎改建和维也纳改建，形成网格形的道路网规划。到了1889年，卡米路·西特出版了《遵循美学原则的城市规划》，阐述了如何追求城市的古典美和巴洛克风格。而在美国，城市美化运动的前奏是1850年末开始的公园运动。1893年，美国芝加哥举办了哥伦比亚世界博览会，此次世界博览会举办者的目的，就是通过城市美化建设建立一个"梦幻城市"，而不只是一些展场或模型。这次城市美化运动就是从古典主义出发，试图以几何轴线和一系列公园、广场和景观大道来拯救沉沦的城市。这次世界博览会使城市美化运动在美国全面展开，并对现代城市规划体系的形成产生了深刻的影响。

3. 田园城市理论的思想渊源

城市改造和建设的种种设想是西方空想社会主义思想的重要组成部分，如早期的托马斯·莫尔的"乌托邦"计划，后期的欧文的"协和新村"以及傅立叶的"法兰斯泰尔"。虽然空想社会主义的理论与实践，在当时未产生实际影响，但他们把城市建设和城市经济联系在一起，从社会改革方面，为城市规划的产生提供了推动力。他们的一些理论及实践，如以改良住房、改进城市规划作为医治城市病的措施，对后来"田园城市"等城市规划理论产生了颇为重要的影响。

霍华德本人在《明日的田园城市》的第十章中说道："我的方案组合了三个不同方案，我想，在此以前它们还从来没有被组合过。那就是：(1) 韦克菲尔德和马歇尔教授提出的有组织的人口迁移运动；(2) 首先由斯彭斯提出，然后由斯宾塞先生做重大修改的土地使用体制；(3) 白金汉的模范城市。"

除此之外，马万利、梅雪芹等学者指出，霍华德在一定程度上还受到了一些思想家的特别影响，如 19 世纪末美国作家爱德华·贝拉米和美国经济学家亨利·乔治的《回顾》一书。霍华德自己说："作者的精彩叙述把我带到了一个崭新的社会。在那里，因工业发展而产生的社会问题已自行解决，人们面临的是追求更高的生活水平的问题……反省我们经济制度当中存在的绝对荒唐之处时，我强烈地感受到，我所看到的一切差不多都是暂时，它们与新制度下的工作生活完全不相适应，这种新制度是一种公正、团结和友善的制度……作者使我相信，我们现有的工业制度绝对代表着罪恶，它正摇摇欲坠。不久以后，一种新的、由于更加公正而更加美好的社会制度必将产生。"

霍华德接受了乔治的"单一税"主张和"地租的提高是经济增长的结果，这种'自然增值'不可以为地主安然享用"的观点，从而主张"田园城市和其他市政当局之间的最本质区别之一是取得收入的方法。它的全部收入来自地租"，并将"自然增值"解释为"这不能归功于某一个人的行为，它通常被称为'自然增值'，即不应归于地产主的增值，较准确的名称应该是'集体所得的增值'"。

所以说，霍华德的理论并不是由自己独创的观念所组成，而是受到了许多前人思想的影响与启发。霍华德十分坦率地承认了这一点，并在书中设有专门章节对此进行论述，他形容自己的田园城市理论是各种建议的结合，而这些建议早就被公众所知晓了。但这并不能否定霍华德的伟大。就像他自己说的，田园城市也是"独一无二"的,因为只有他看到了这么多相关领域里的众多理论思想之间的联系,并将它们加以综合,融入田园城市理论当中。

(二)霍华德田园城市理论的主要内容

霍华德的"田园城市"并不像我们通常看到"田园城市"这个词所联想的那样,单纯的要规划一个风景优美的花园般的城市,而是一套积极的、带着理想主义色彩的社会改革方案。区别于其他城市理论学说及理想城市模型,作为社会学家,霍华德研究城市问题的出发点与传统城市规划学者完全不一样,他主要是从社会改革的角度来解决城市空间结构的问题,并提出建立独立的城市管理机构和投资回报机制来寻求城乡融合和协调发展。

霍华德的田园城市理论主要集中体现在其著作《明日的田园城市》之中,全书包括一篇"作者序言"和十三个章节的正文。从该书来看,其思想可以归纳为如下几个部分:

第一,是提出"城市-乡村磁铁"理论。

霍华德在序言中首先用"引力"的概念来分析农村大量人口向城市集中,造成城市畸形发展和乡村停滞衰退的社会问题。他说:"不论过去和现在使人口向城市集中的原因是什么,一切原因都可以归纳为'引力'。显然,如果不给人民,至少是一部分人民,大于现有大城市的'引力',就没有有效的对策。因而,必须建立'新引力'来克服'旧引力'。"

霍华德反对把工业与农业、城市和乡村截然分开,人们只有城市生活和乡村生活两种选择的认识,从而提出了"第三种选择",即除了"城市磁铁""乡村磁铁"之外的"城市-乡村磁铁"。这就是著名的"三磁铁"理论。他认为:"城市磁铁和乡村磁铁都不能全面反映大自然的用心和意图。人类社会和自然美景本应兼而有之。两块磁铁必须合而为一。""这种愉快的结合将迸发出新的希望、新的生活、新的文明。"

"三磁铁"理论认为，促使人们从乡村向城市集聚的原因是城市的物质生活的吸引，而乡村只有优美的田园风光可以吸引城市居民。所以，霍华德提出了田园城市理论，他认为只有"城市+田园"的方式才能将城市的优点和乡村优美的自然环境和谐地组织起来。

第二，是规定了田园城市的空间形态。

霍华德不但提出了田园城市的理论，更为其理想城市绘制了草图。在他所构想的理想城市模型中，他认为田园城市应占地6000英亩，城市布置在中央，占地1000英亩，平面为圆形，居住人口5000人，四周由农田包围，居住2000人，农田即为保护城市的绿带，不能改变其用地性质。当城市人口超过一定数目即32 000人时，就应新建一座田园城市，若干个田园城市共同围绕一个中心城市，构成城市群即社会城市。城市之间用铁路和高速公路相连接。中心城市应比周围其他田园城市规模更大，中央布置公园、社区、政府建筑、医院、剧院、博物馆等大型公建设施，从中心区通过6条放射性道路向外围扩展，同时把城市分成6个组团。

第三，是强调建立在土地公有基础上的田园城市的财政管理，并且指出所有的收入和支出均来自于土地的经营。

在霍华德的设想下，1903年"田园城市有限公司"筹措资金，在距离伦敦西北56公里的地方购得一块土地，并建立了世界上第一座田园城市——莱奇沃斯。莱奇沃斯完全按照"田园城市"的设想来建设，城市收入均来自地租，城市土地归城市居民集体所有，不得出售，居民雇佣托管人管理这些土地。因此，城市土地因城乡之间的显著差别而产生的"集体所得的增值"和因城市人口数量的增加而带来的额外价值，都会成为田园城市的财富。

第四，主要内容为田园城市的市政组织与城市管理。

在田园城市的市政机构组成方面，霍华德认为"市政机构是按范围很广而明确分工的业务来设置的，分为许多部门"，"而不是松散地托付给庞大但实际上置之不理的中央机构"，"市营企业和私营企业之间并无明确的界线可划"。而田园城市的特征之一是"半市营企业"的形式，即绝大部分靠私人经营的"公共市场"。霍华德主张，在田园城市中推行所谓的"准市政事业"，例如"各种慈善救济机构、宗教社团和教育部门"等。同时，城市居民的住宅建设也是准市政活动的一个重要组成部分。

第五，主要阐述了"社会城市"的改革思想。

霍华德先回答了如何避免田园城市方案像其他大量社会实验"很少取得成功"的结局，认为田园城市与其他类似方案的主要区别是"我的设想是不仅要求个人，也要求合作社员、制造商、慈善社团和其他方面都能取得建立组织的经验，并靠由他们自己控制的各种组织使他们处于没有新的限制却能保证更多自由的条件下"，然后，如前所述，霍华德表明了自己的思想是"各种主张的巧妙组合"。

霍华德指出了通过田园城市的构想来实现土地公有的社会改革的目的，是为了逐步建立"一个新的更公平的体制"，"在这个体制中社会的和自然的生产力可以远比现在更为有效地加以利用，而且，这样创造的财富形式将在远为公平和平等的基础上分配"。体现在空间上，霍华德所说的"社会城市"实际上是由若干个田园城市共同围绕着一个中心城市而形成的城市群,社会城市的总人口为 250 000 人。其实,"社会城市"的更主要目的是把这种建立在土地公有基础上的社会改革实验从一个比较小的范围"推广到较大的范围",这集中地反映了霍华德进行社会改革的愿望。

学者吴志强、仇保兴等把霍华德田园城市的空间目标、社会目标和组织管理目标进行了归纳。空间目标为:城市控制在一定的规模,对建成区用地的扩张进行限制;几个田园城市围绕一个中心城市组成系统;用绿带和其他敞地将相对独立的居住区隔开;合理的居住、工作、基础设施功能布局;各功能间拥有良好的铁路(交通)联系;可以便捷地与自然景观接触。社会目标为:通过土地价格公共政策规定限制房客的房息压力;资助各种形式的合作社;土地出租的利息归公共所有;建设各种社会基础设施;创造各种就业岗位包括自我创造就业岗位的专业户。组织管理目标为:具有约束力的城市建设规划;城市规划指导下的建筑方案审查制度;社会作为公共设施建设的承担者;把私人的借贷利息限制在 3%—4% 的范围之内;公营或国营的企业的建立。

(三)田园城市理论对新田园主义的贡献

田园城市理论不止停留在城市规划层面,它更多涉及社会改造的问题。霍华德不仅对"田园城市"的性质、规模等方面做了全面的思考,而且对田园城市的经营管理等也提出了详细的改革措施。

经过一百多年的发展,田园城市理论的精髓可以概括为自然之美、城乡一体化、关注人性发展、社会公正,这是田园城市理论中最具时代意义、最具有生命力的内容,也已被新田园主义所借鉴吸纳。

1. 田园城市的关键是自然之美

霍华德在《明日的田园城市》中浓墨重彩地表达了对自然之美的推崇和向往。田园城市为了彰显自然之美，一是加强了对城市周边农田的保护，使城市居民始终能够方便地享受"乡村所有的清新乐趣——田野、灌木、林地"；二是突出了市政基础设施的生态化，不仅要建设"灌溉良好的美丽的花园""一个145英亩的中央公园"和"一条长达3英里的带形绿地"，还要让城内所有的道路都"植有成行的行道树"；三是突出了住宅和公共建筑的园林化，在紧邻田野、公园和绿地的地方建设拥有美丽花园的住宅、学校等建筑。更为重要的是，霍华德田园城市理论中关于自然之美的内容，其实质就是一种可持续发展的思想。这正如英国城乡规划协会现任主席彼得·霍尔所说：可持续性，恰是田园城市所从事的一切。这种思想体现在步行尺度的消费和公共服务配套，不必依赖汽车出行；体现在建筑的高密度标准和工业集中发展，土地的节约、集约利用；体现在开放的空间，亲近自然的居住环境；体现在大量使用清洁能源，减少污染；等等。

2. 田园城市的重点是城乡一体化

霍华德认为造成城乡分离的最根本原因是城市的"引力"大于乡村的"引力"，从而使人口大规模地向城市聚集。而解决这个问题的关键就是出现一种新的"引力"去克服城市的"引力"，而这个"引力"就是乡村优美的自然风光。所以霍华德认为只有城市同时具备了城市和乡村的双重优点，才能从根本上解决当时的城市问题，他把这种"城市和乡村的联姻"称为"田园城市"。

所以田园城市实质上是城市和乡村的结合体。"田园城市"的城乡一体化模式与今天一些现代城市中的"新城"和"卫星城"只有形式上的连接截然不同,是城市与乡村的完美联姻和快乐结合。

3. 田园城市的主体是"人"而不是"物"

人是城市的灵魂,一个城市的建设应以人为中心对城市面积、人口布局、居民社区等做出精良规划。城市应体现它应有的有利于人的生存和集聚的功能,城市应拥有足够的园林、绿地,以保证居民的生理和心理健康。霍华德为他的"田园城市"设立了一个象征性的"水晶宫",其既是购物中心又是城市花园,距离最远的居民也不超过600码即548米——它不是单纯工程性的或片面技术效率性的,而是着眼于为人性发展和公共交往提供富有生气的公共空间,是一个极富吸引力的公共场所。

4. 田园城市的本质是规划和推行各项社会改革,最终达到社会公正

土地问题是城市发展的基本问题,它既制约了城市发展的空间,又决定了城市发展的规模与形态。霍华德认为,城乡之间最显著的差别在于土地租金不同。城市之所以比乡村租金昂贵,是因为大量人口赋予了土地巨大的额外价值。霍华德尝试给出一个解决办法,在1898年提出要想达到一个理想社会,就要逐渐实现土地社区所有制,消灭土地私有制。"田园城市"构想意在通过一系列社会改革解决以土地问题为核心的城市过分集中、乡村加剧衰竭这样一种惯象。

霍华德在其田园城市理论中,用了大量的篇幅来描写其社会

改革设想，并且想通过田园城市的构想来实现土地公有的社会改革的目的，是为了逐步建立"一个新的更公平的体制"，"在这个体制中社会的和自然的生产力可以远比现在更为有效地加以利用，而且，这样创造的财富形式将在远为公平和平等的基础上分配"。

总体来看，田园城市理论对西方城市规划思想的影响是非常广泛而深远的，也被国内外许多城市付诸城市规划建设。当然，随着时代的发展，田园城市发展到今天，人们也赋予其更多的内涵。其对于新田园主义最大的贡献是把城乡关系看作经济社会发展的核心问题之一，提出重塑城乡关系。基于这一思想脉络，新田园主义研究者指出，我国是一个拥有13.8亿人口的大国，2016年，城镇化率已经达到57.35%，随着城镇化的发展，越来越多的人会从农村迁往城镇。尽管如此，即便将来城镇化率达到70%，届时仍将有近5亿人常住在农村。面对这么庞大的农村人口、这么广袤的乡土大地，必须要求推进城乡融合发展。

二、费孝通的探索：城乡协同发展思想

建设新农村、发展小城镇，这些在当下中国耳熟能详的战略方针，若考察其最早的理论支持，往往会追溯到一个人，那就是费孝通。

费孝通作为中国社会学的奠基人之一，对中国社会的现实问题，尤其是农村社会发展问题倾注了一生的思考。他抱着"志在富民"的不懈追求，不辞劳苦深入到乡村、城镇考察研究，始终站在时代的前沿，追踪中国农村社会的变迁与发展。

改革开放以来，中国农村的城镇化步伐加快，面对中国人口剧增、农村人口基数庞大、城市化水平低、城乡分割发展等现

实,如何转移农村过剩劳动力,做活"人口这盘棋",从而提高城市化水平,确保城乡协调发展的问题进入了费孝通的思考视野。

在世纪交替之际,他曾说,在改革开放以来的20年里,他关注到两个方面的现象,"一个是作为中国大多数人口的农民从农村社会走出来,进入工业社会的历程,另一个是与这历程密切相关的区域发展模式的形成"。前者集中表现为小城镇思想,后者则是区域发展思想。它们与乡村工业化思想一道,构成了其城乡协同发展思想,在《费孝通文集》中得到了详细阐述。

(一)费孝通的乡村研究——乡村工业化:志在富民

费孝通乡村经济思想最早见于他的博士论文《江村经济》。在这一被国际学界誉为"人类学研究的启蒙读本和经典范本"的著作中,费孝通探索了中国乡土社会的自身特点和内生机理,提出了发展乡土工业、实现乡土重建的思想。

费孝通基于对"江村"的实地调查,对中国农村中农业、家庭副业和乡村工业的关系产生了深刻的认识。他指出,人多地少是中国乡村的普遍现象,乡村中庞大的人口需要手工业和副业帮助农业来养活,农民只有在农工相辅、男耕女织的传统农工合作方式中才能得到过得去的生活。几千年来,这种农工相辅的小农生产方式,使得在传统土地制度下的农村经济实现了某种平衡。

他还说,近代以来受西方现代工业的冲击,中国农村手工业日渐衰败,乡村逐渐单纯农业化,农民本来靠手工业补贴的生计手段被剥夺,农民部分失业,农村地区资金缺乏,城镇高利贷活跃,土地权外流,土地问题日趋严重,最终导致乡村的贫困、不安和政治不稳定。"中国农村真正的问题是人民的饥饿问题",虽然实行土地改革、减收地租、平均地权是必要的，也是紧迫的，这是解除农民痛苦的不可或缺的步骤，但仅仅限于这些方面是不够的，最终解决农民贫困和土地问题的办法，"不在于紧缩农民的开支而应该增加农民的收入"，"恢复农村企业是根本的措施"。

在乡村工业化的具体建设方面，费孝通还提出了必须遵循的几个原则：一是农家可以不放弃农业而参加工业；二是工业最好分散在乡村里或建在乡村附近；三是这种工业的所有权是属于参加工业的农民的，是合作性质的；四是最好发展原料是由农民自己供给工业的；五是工业所得收益要让所有农民受益。

当然，他所提倡的乡村工业并不是回到原初的发展状态，而是"在动力、技术、社会关系、经济组织各方面都是可以变的"。否则，"我们原有的乡村工业太落后，不能和现代工业竞争"。因此，他眼中的乡土工业的内涵丰富得多，"可以是手工，也可以是机器，可以是家庭性的，也可以是工厂性的"，形式不受拘泥，重要的是"这种工业并不隔离于乡村，在原料、劳工、资本等各方面以乡村的来源为主"。

费孝通强调，自己的乡土工业主张的出发点不是"为了工业着想"，而是为农民和农业着想，如果工业离开了农村，农民将没有其他出路可以提高收入。这些原则，对于当今大力发展乡镇企业仍然有着重要的指导和借鉴意义。

在研究了江村现有的融资方式及其优劣势之后，费孝通提出，要振兴农村经济还必须大力发展和完善农村的金融市场，要让城市资金回流到农村，因为："都市在过去一个世纪里太对不起乡村了。先夺去了他们收入来源的手工业，他们穷困了，更乘人之急，用高利贷去骗他们的土地，最后他们还剩些什么可以生活的呢？"

另外，在中国，政府对经济、社会、生活等各方面的影响非常巨大，某一经济形式若没有政府的许可或支持是万难发展甚至不会生存的。乡土工业的发展、乡村工业化的实现也不例外。正所谓"无辜的中国农民的命运正掌握在那些决定中国未来工业模式的人手里"。关于政府要如何协助乡村工业化的实现，费孝通没有专门的论述，但是多次提及的，主要有：

一是制定和执行能推动乡土工业发展的相关政策。例如，"在确立乡土工业的过程中，政府有很多事可以做，而且是必须做的。现代技术的下乡不能不由政府来推动。""国家的保护政策，包括关税和津贴"等等。二是成立服务乡土工业发展的组织。"一个把小型制造单元协调在一起的大型组织，对于中国新的农村工业来说是必需的。""至于关键的协调组织职能，我们将求助于政府。"三是开展辅助乡土工业发展的工业教育。"重要的基本的，我们还得建设一个能使机器顺利和有效活动的环境，创造一个和新工艺相配的精神，这是工业教育的工作。"

费孝通的这些观点不仅在 20 世纪 30 年代是具有前瞻性的，就是在当今中国乡村振兴的过程中依然不可忽视。一方面，由于中国发展的区域性和阶段性的差异，许多地方还处于工业化的初级阶段，仍需经历乡村工业化的过程。另一方面，费孝通乡村工业化思想的核心是人文关怀，尤其是如何让农民从工业化的转型过程中获益，并能够安居乐业。

（二）费孝通的小城镇建设思想

费孝通对小城镇的研究是他在农村研究基础之上提出的又一课题，是他对农村研究不断深化、完善、成熟的结果。其研究小城镇的过程起源于农村，初步提出于对苏南乡镇企业的考察，发展于他提出的经济发展模式,完善于区域经济发展理论的提出及十年之后的回顾反思。

费孝通早年在农村调查时就感觉到了有一个比农村小区高一层次的社会实体的存在,这种社会实体是以一批并不从事农业生产劳动的人口为主体组成的小区。无论从地域、人口、经济、环境等因素来看,它们都既具有与农村小区相异的特点,又都与周围的农村保持着不可缺少的联系。这就是"镇",是偏重于乡村的商业中心,在经济上是有助于乡村的。小城镇是农村经济、政治、文化的中心。小城镇应当归在城、乡的哪一边呢?费孝通主张把农村的中心归到乡的一边。但也说可以考虑在城乡之间另立一格。关于费孝通小城镇建设思想的主要内容,主要有以下几点:

(1)小城镇的核心所在是要解决农民的出路问题。

其实,解决农民的出路问题,是费孝通一生的追求目标。费孝通早年的《江村经济》,就提出"人多地少,农工相辅"的说法。后来更是将充分利用农村剩余劳动力和其他资源优势,寻求一条切合实际的生财之道,称为"农民们千方百计、千辛万苦、千山万水地去开辟的生财之道"。

(2)小城镇的发展具有"自下而上"的内发性。

小城镇的发展模式与政府主导的"自上而下"模式不同,是一种"自下而上"的民间城镇化发展道路,或者说是"由农村社区、乡镇企业、农民家庭或个人民间力量发起的"。费孝通先生在《小城镇 大问题》中指出,"小城镇问题不是天上掉下来的,也不是哪一个人想出来的,它是在客观实践的发展中提出来的",小城镇发展模式"不是理论推论出来的,而是农民群众在实际生活中自己的创造,经过了多年的实践检验"。

（3）小城镇发展的主要动力是乡镇企业。

费孝通指出，"农村生产的单一化和镇本身商品流通职能的丧失导致了小城镇的衰落"，而"江南小城镇的复苏和繁荣是小型工业，特别是社队工业带动的结果"，"农副业过关，充其量是解决温饱问题和略有余款，只有办起乡村工业，才能使农村的繁荣具有坚实的基础"。并且，"农村剩余劳动力寻找出路是乡镇工业发生和发展的内在因素"，而中国农民找到发展乡镇工业的道路则是"逼上梁山"，乡镇工业是农村剩余劳动力以新的劳动手段与新的劳动对象相结合的产物。他还提出"无农不稳、无工不富、无商不活、无才不兴"的理论观点，这表明，乡镇企业是小城镇发展的主要动力但不是唯一动力，小城镇的发展是内部动力和外部动力结合作用的结果。

（4）小城镇是"人口蓄水池"和"城乡一体化纽带"。

"我们必须看到小城镇在社会主义现代化建设中的地位和作用。它正是城乡的纽带，是城乡发展的必要环节。不仅如此，它又是一个调节城乡人口的蓄水库。"小城镇是"城市之尾、农村之首"，一头联结这广大农村丰富而廉价的劳动力及其他资源，一头联结着城市雄厚的资金、先进的技术和即时的信息，能够充分发挥它城乡经济的网络功能，使得城乡结合，以城带乡，以乡促城。由于小城镇能够吸纳大量的农村剩余劳动力，既缓解了"民工潮"对城市造成的冲击和压力，又避免了农民适应城市的阵痛，是农村人口城市化的缓冲地带。

（5）区域经济发展理论是小城镇研究的延伸。

1983年，费孝通在《小城镇·再探索》一文中，提出了"经济发展模式"的概念，即"苏南模式""温州模式""珠江模式"等反映了不同地区的经济发展背景和现实发展道路。对区域经济发展模式的探讨把费孝通的研究工作向前推进了一步，即要从整体出发，探索每个地区的发展背景、条件和在此基础上形成的与其他地区相区别的发展特色，促使他进入不同地区经济社会发展道路的比较研究。

费孝通的小城镇研究不仅在理论和实践上有巨大成就，而且在社会研究方法上也有许多创新和建树，是一份宝贵的文化遗产。在吴江部分小城镇初步调查的基础上，费孝通为小城镇研究课题组提出了"类别、层次、兴衰、布局、发展"十字方针。他用这十字方针描述了小城镇的类别和层次，分析了小城镇的兴衰历史与原因，概要地叙述了小城镇的布局和发展。

以小城镇的特点来分类，对于确定小城镇的发展方向十分重要。他认为小城镇不是千篇一律的社会实体，小城镇既有一定的共性，又有各自的个性和特点。因此，小城镇研究的第一步，应对不同的小城镇进行分类。费孝通提出"类别"的目的，就是为了突出这些小城镇的特点，为其规划和建设提供依据。这就可以避免千篇一律，发挥优势，建成具有特色的小城镇。

(三) 费孝通的城乡关系研究

20世纪80年代后期，随着费孝通的调查范围从江苏省扩展至全国，其研究重心开始从"模式"理论转向区域发展理论。在他看来，区域发展的含义是：各区域不同的地理条件包括地形、资源、交通和所处区位等自然、人文和历史因素，均具有促进和制约其社会经济发展的作用，因而不同地区在经济发展上可以有不同的特点，具有相同地理条件也有可能形成一个在经济发展上具有一定共同性的经济区域，这些区域又可能由于某种经济联系而形成一个经济圈或地带。区域发展的概念丰富了中国城乡研究的内容,这个概念是城乡协调概念的进一步发展,也是对中国社会发展的一种整体性认识。

从20世纪90年代开始,费孝通在一系列考察中发现,随着中国参与经济全球化的深入,乡镇企业和小城镇已经很难应对全球化和信息化等方面的挑战,各地的农民不再仅仅是"离土不离乡",更多的农民已经是"离土又离乡",成为流动人口,他们不只是到小城镇,也到大城市,而且已成为不可逆转的大趋势。在这种条件下,如何让流动的农民人口在城乡间合理布局,让他们安居乐业,成为必须要重新做出合理安排的重大问题。费孝通根据这种变化趋势,对自己之前的乡村工业化和小城镇主张自觉地进行了反思与修正。

在20世纪90年代对中国东西南北的系列考察研究中,费孝通日益感到区域发展的重要性,于是提出了"区域发展"这一比小城镇研究"更大的问题",认为不仅要把全国的经济发展看成"一盘棋",而且应联系全球性经济发展的大趋势来思考问题。在这些区域发展研究的基础上,费孝通进而提出了他著名的"全国一盘棋"宏观设想,完成了城乡发展理论探索过程中的"三级跳"。

他指出,全球化尤其是信息产业的发展、产业组织的跨国化,对小城镇的发展提出了严峻挑战。在这种条件下,我们在工业化这"第一跳"还没有完成的情况下,不得不进行"第二跳",迈向信息化的第三级。在这一过程中,乡镇企业和城镇化建设也必然要顺应潮流,经历蜕变与飞跃。他也开始以上海浦东新区开发为研究起点,从长江三角洲、珠江三角洲、黄河三角洲等区域开发的层面,为中国宏观区域经济社会的发展谋篇布局,探索中心城市的发展及带动周边农村地区发展区域经济的问题。

费孝通对中国农村问题的关注经历了一个认识不断深化与提

升的过程。费孝通在其区域发展研究过程中,充分关注农村的城市化和工业化,探求被他称作"城乡一体化"的经济发展道路。对中国城乡发展道路的探索,是费孝通学术生涯中的主要研究课题。

他发现"乡镇工业不仅与农业之间有着历史的内在联系,而且与大中城市的经济体系之间存在着日益密切的连结",他提出了"一条龙"和"产品脱壳"这两种城市工业与乡镇工业联系的方式,认为城市工业、乡镇工业和农副业三种层次的生产力浑然一体,展现了"大鱼帮小鱼,小鱼帮虾米"的中国工业化新模式。

在城乡经济互动中,城市的技术、人才、资金、信息、观念辐射到小城镇,受体主要是乡镇企业;在乡镇企业务工的农民以工资、税收等形式使得资金流向农村,起到了以工补农、以城带乡的作用;而观念、技术等通过小城镇得以缓冲、中和,逐渐改变农民的生产观念和经营方式,优化农村产业结构,为乡镇企业和城市的发展提供必需的农副产品及工业原料。

(四)费孝通思想的深远影响

综合来看,费孝通的城乡发展思想,无论是早期的乡土工业化思想、后来的小城镇主张,还是晚年的区域发展以及多元城市化思想,都是在我国经济社会发展的不同阶段与条件下,围绕如何使广大人民能安居乐业这一中心而提出的现实主张,都深刻体现出其人文关怀与理论自觉。这种人文关怀与理论自觉,对当前我国新型城镇化战略与实践的启示意义在于:在当前城市化进程加速的背景下,城镇化的问题不是简单的走乡村工业化、小城镇还是大城市道路的问题,更为重要的是要贯彻以人为本的精神,要围绕如何让人民安居乐业来合理布局城乡人口,要根据现实资源条件和发展趋势科学合理地规划、建设和发展各层次的城市（镇）体系。

如今，城市的拉动力远远大于乡村的吸引力，城市像个抽水机一样从农村吸取营养（资金、人力、土地），农村因此才会出现"空心村"以及土地荒芜的景象。中国人民大学人类学研究所所长赵旭东指出，今天，在推进城市化建设的同时，还是需要重提乡村建设，但不是改造农民，而是辅助农民。农民的邻里关系、宗教信仰以及生产方式都是原有的居住地的生活方式，今天大家开始居住在城市后，人们如何相处，变成一个极为紧迫的社会问题。

一方面是大量的农民涌入城市，另一方面，大量的城市居民则想逃离城市，这种"围城效应"在未来将越来越明显。未来城市中如何转化那么多的农村人口，而农村的人口空缺又如何能够由新的一代或者新的人口来填补，这是一个关涉到整个中国社会安全和稳定的大问题，需要进行深入的思考。

三、结合中国现状的探索

综上所述，无论是霍华德面对英国"城市病"和"乡村病"的双重困境，还是费孝通面对中国庞大的农村人口，他们都一致认为人口的合理安排和有效转移是解决城市化问题的关键，必须通过建设田园城市或是小城镇来转移和分散人口，从而缩小城乡差距，最终达到提高城市化水平和质量的目的，走上"城乡协调发展"的建设道路。

霍华德在面临西方高度城市化的城市犹如"大肿瘤般增长"而乡村却衰败的情况下，提出了建设"城市-乡村"磁铁的田园城市，以实现重新分布城市拥挤人口，又使乡村恢复生机的设计。费孝通在面对中国农村人口增长和剩余劳动力盲目流出，造成城市拥挤、乡村衰败的问题时，提出了复苏繁荣小城镇的构想，使小城镇成为人口的"蓄水池"，从而解决人口的迁移和重新分布的问题。我们看到，小城镇和田园城市极其相似，目的都是使城乡人口合理安排和重新布置，从而达到提高城市化的水平和质量之真正目的。

但是我们必须深刻地认识到，无论是霍华德的田园城市还是费孝通的小城镇，都离不开大城市的辐射作用。霍华德明确指出，田园城市的建设要围绕大城市，是在大城市的郊区开展的，并用快速和发达的交通把田园城市和中心城市连接起来形成一个兼具城乡特色的大社区，从而使人们过上兼具城市优点和乡村特色的生活。

而费孝通谈到的小城镇发展也是建立在乡镇企业繁荣和城市工业扩散的基础之上的，因此必须是处于城市辐射范围之内的小城镇。因为，乡镇企业出现地域差异的原因之一，是所谓的"城市辐射"或是"城市聚集经济"。城市的市场和技术潜力对周边县的非农产值（主要是乡镇企业）增长有显著的辐射作用，非农产业离城市距离越近增长越快，并且只有这样，才能在发展小城镇的基础之上把农村和城市联结起来。在西部地区，在远离城市辐射地区，在看不到乡镇企业影子的农村地区人为地发展小城镇只能陷入困境，这是费孝通经典小城镇遭遇现实困境的主要原因。

简单分析后，不难看出，新田园主义是站在巨人肩上的理论体系。前述霍华德提出的"田园城市"的概念，虽然和现在的"田园综合体"有一定的区别，但出发点都是为了结合城市、乡村各自的优点，创造更好的人居环境和产业发展环境。而费孝通所倡导的理论更深深植入"三农"研究和县域经济的土壤。近年来，周其仁和陈锡文的理论贡献以及特色小镇和田园综合体的实践探索成为新田园主义进一步发展的助推剂，简单介绍如下。

（一）周其仁的城乡中国理论

在新田园主义的发展过程中，北京大学国家发展研究院教授、著名经济学家周其仁的贡献值得专节介绍。他大学毕业后，曾工作于中国社会科学院农村研究所和国务院农村发展研究中心发展研究所，在杜润生先生的指导下从事农村改革发展的调查研究。近年来，周其仁教授及其同人以5年的时间陆续以实地调研的形式，深入调查了中国很多地方城乡的情况，完成了《城乡中国》一书。

在《城乡中国》中，周其仁有段经典描述：中国很大，不过这个很大的国家，可以说只有两块地方：一块是城市，另外一块是乡村。中国的人口很多，不过这十数亿中国人，也可以说仅分为两部分人：一部分叫城里人，另外一部分叫乡下人。这样看，城乡中国、中国城乡，拆开并拢，应该就是一回事。

今天，虽然中国的经济飞速发展，可是城乡之间依然有着巨大的差距，甚至鸿沟越来越大，导致中国发展中的大多数重点难点，都在农村，都在城乡之间。周其仁教授在《城乡中国》中指出，没有农村、农业和农民状况的根本改善，国民经济是搞不起来的。因此，近年来关于城镇化的讨论始终不绝于耳，成为政府、大众、专家学者热议的焦点问题。

他认为，城乡中国本就是一个发展中的经济社会结构，所以无可避免地带有城市化率低、城乡差距大的特征。可是几十年来中国在战略、体制和政策方面不断地选择与实验，也让今天的中国城乡具有若干鲜明的、不容漠视的特色。其一，工业化超前，城市化滞后；其二，市场改革激发了天量的城乡人口流动，不可逆转地改变了经济机会的版图分布，也形成着新的社会结构；其三，城市化加速与经济高速增长相伴，造就了城乡关系极为夸张的紧张。

在书中，他将城乡之间这些差异形成的原因、后果以及可能的解决办法娓娓道来，试图增加对中国社会和经济的认识，找出沸沸扬扬的城镇化改革的症结，消除城乡之间的巨大分隔。

农村是我国传统文明的发源地，乡土文化的根不能断，农村不能成为荒芜的农村、留守的农村、记忆中的故园。历史经验也表明，当城镇化率达到较高比例时，凡是能够很好地重塑城乡关系、挖掘乡村魅力和特色、注重乡村治理的地方，乡村吸引力就比较强，经济社会发展也比较稳健。凡是过分看重城市发展而忽略乡村建设的地方，不仅农业、农村、农民问题越来越严重，也会导致城市一系列社会问题的恶化，最终拖累经济社会发展。

（二）陈锡文的新农村发展论

陈锡文是近年来我国三农领域最重要的学者之一，长期担任中央农村工作领导小组组长职务，对国家的三农政策制定发挥着重要影响。他在新型城镇化、新农村建设以及乡村振兴方面提出了一系列主张。这些主张成为中央城镇工作会议、中央农村工作会议以及中央一号文件精神的重要来源，也是新田园主义的理论源头之一。

首先，要正确地看待城镇化的真正内涵和实现路径。陈锡文认为，一段时间以来，确实有人认为，只有通过城镇化才能解决问题，但是具体做起来，认为只有把农民都转移到城镇去，农民变成城镇居民之后才能享受共同的公共服务。

陈锡文表示，我国城市扩张非常快，现在有接近670个城市，还有将近2万个城镇，与改革开放之前相比增加的倍数是非常明显的。但是城市的布局，以及城市和城市之间，城市和城镇之间，它们的体系和功能都不够明确，因此造成了很多城市的功能不能互补，城市的面貌千城一面，这些情况都应该引起重视。西方发达国家不单独谈城镇化，而是谈工业化，城镇化、现代化都是工业化的结果。因为工业使人口集中，才会有城镇。我国则单独把城镇化这个概念提出来了。

他认为，世界上提供了两种城镇化道路的经验给我们：

第一种是城镇化水平最高的拉美国家。但同时，这些国家也有一个明显的特征，即贫困人口比重特别高。政府鼓励大资本下乡，大规模圈地，发展商品农业，包括香蕉、咖啡、大豆，都可以大规模出口。农民在农村没有家了，只好到城市里来。但是到了城市里什么都没有，他们又回不去，只好构建属于自己的贫民窟。

第二种是那种城市化率并不高的西方国家。比如德国，有60%的人是在人口不足2万的小城镇生活的。政府提供的公共服务，尽量做到均等化，人们可以自己选择进城还是在农村。再比如日本，民众如果迁户口，家里有孩子在义务教育阶段，那么当地教育部门规定必须三天内让这个孩子进入学校，不能耽误课程。

"所以，有个非常重要的问题要想明白，我们是先把人都弄进城里了，慢慢给他们完善待遇，却造成了城里的二元结构呢，还是由政府提供城乡一致的公共服务，由农民自己选择，是进城还是不进城?"在陈锡文看来,加强对农村的基础设施、公共服务、社会保障投入,使得城乡之间的基本公共服务能够逐步地均等化,这不仅能让农民过上好日子,而且让优秀的乡村文化能够代代相传。

陈锡文对农村寄予殷切希望。他说:过去,上海世博会的时候有个口号,叫作"城市让生活更美好",我是搞农村问题的,我很反对这个口号。我记得浙江奉化的滕头村在世博会布置了展馆,滕头村发展休闲农业,十分富庶。我对他们自己的标语印象深刻,叫作"农村让城市更向往"。现在,几年过去了,已经确实有很多大城市的人向往这样的农村了。

（三）城市规划的"田园"实践

我国拥有漫长的城市建设史,与之相伴的城市规划理念同样浸润着古老的传承。在快速城市化的今天,很多城乡规划者都愿意借鉴百多年前霍华德的思想,因其与中国传统思想有诸多共同点。进入21世纪后,江苏太仓、无锡等地较早地提出建设生态型田园城市的构想。2009年四川成都率先提出建设世界现代田园城市的城市发展定位。此后,浙江衢州、海南琼海等都提出建设现代田园城市的目标。

中国人心中都有一个田园梦,都有一首乡愁曲。作为一个东方文明古国,我们传统的田园思想有非常深厚的根基,从魏晋时代开始田园思想就已经萌发。以陶渊明为代表的许多中国古代文人,寄情山水、归隐田园。如今,中国一些城市和乡村也分别提出建设田园城市、特色小镇、特色田园乡村、田园综合体的目标并开始付诸行动。在政策推动下,在城市规划领域,一批有想法的设计师、规划师的思想和实践为新田园主义做出了贡献。

2016年，陕西省西咸新区出台新一轮城市总体规划，提出基于人们亲近自然的要求，着眼新区城镇、村落、耕地、水系、文物古迹相互交融的基本特质，形成现代田园城市。2015年6月，西咸新区就曾出台优美小镇规划，计划5年内建设35个优美小镇。这次新一轮规划则进一步构建"大田小镇""大城小园"的布局模式，将使"300米见绿，500米见园"成为可能。

无独有偶。江苏太仓提出，要分别建设10万亩良田、花卉、菜地、鱼塘，构建以"四个十万亩"为主体的农业空间布局和以"一市双城三片区"为主体的城镇化空间布局。在城市与中心镇之间，以现代基本农田和生态绿地隔离，实现城市四周被农地围绕以自给自足；以快速交通相连接，保证每户居民都可以便捷地亲近自然。其最终目标也是建设田园城市。

"让市民感受农村的田园气息，让农民享受城市的生活品质。"海南琼海把农业公园建设作为统筹城乡发展的重要手段，全市规划建设"龙寿洋农业公园""热带滨海农业公园""万泉河农业公园"三大公园，打造具有现代农业功能、旅游功能、休闲功能的综合体，带动城乡产业融合化。到2016年底，琼海市已建成1857个田园式的文明生态村，占全市自然村总数的7成。琼海市返乡就业4万多人，农民人均纯收入年增长13.1%。农民在家门口就能打工，住自家房子，种自己的地，还能照顾家人。

类似太仓和琼海，不少地方都立足区域资源禀赋，通过保护山水田林湖生态，构建田园化形态。不折腾、少动土、保风光、就地城镇化，敬畏生态的红线，敬畏人文的红线，最大限度地保护城市周边乡村的自然和文化风貌。农业部经管司司长张红宇分析说，这号准了田园城市发展的脉，避免"摊大饼""以城吞乡"

等误区。这些实践体现了以山水田园风光为基础,以生产生活生态为理念,打造以人为本的田园城市发展道路。

中国城市规划设计研究院副院长李迅表示,田园城市的理念在任何时代都不过时。它包含了两层含义:第一层是物质层面。田园城市注重城乡一体化发展,希望能够建设一个交通便捷、服务健全、绿化良好的城市。城市和乡村应该像伴侣一样友好相处。第二层则是精神层面。田园城市的本质是体现人类对美好城市生活的追求与愿景。即城市的发展并不只是为了追求财富,其根本目标是要为民众提供健康的宜居环境。

总结田园城市建设的实践,可以概括为,"城在田中,园在城中,产城融合,和谐共生"。有关地方不仅注意保护林地、耕地、园地等农业空间,尊重现有地形地貌、田园风光等农业及生态本底,还在发展有历史记忆、地域特色、民族特点等自然人文属性的产业和城镇。

(四)特色小镇建设热潮涌现

与国外相比,国内的城镇化进程从 1978 年才进入快速发展阶段。同时,大城市人口膨胀、交通拥堵、房价飞涨等问题不断涌现,而部分村镇地区则面临大量水土流失、宅地废弃、人口大规模转移等诸多问题。在此背景下,发展特色小镇、统筹城乡发展已经成为国内城镇化建设的关键一环。

2011 年,位于杭州市西湖区的转塘科技园紧扣科技发展的脉搏,成立浙江省首个云计算产业园。2013 年,转塘科技园携手阿里云打造创业创新基地,经过几年的发展,这里聚集了上千家涉云企业,构成了独具特色的"云栖小镇"。2013 年 12 月 10 日,中央经济工作会议首次提出"新常态",以概括我国经济发展进入新阶段，我国城镇化也进入了中后期，城市发展方式亟待转变。在此背景下，2014年10月17日，时任浙江省省长的李强参观"云栖小镇"，首次公开提及"特色小镇"。2015年4月22日，浙江省政府出台《关于加快特色小镇规划建设的指导意见》，明确浙江特色小镇规划建设的总体要求、创建程序、政策措施、组织领导等内容。此后，浙江作为中国特色小镇的发源地，率先掀起了特色小镇建设的浪潮。

2016年7月，住建部、国家发改委、财政部联合发布《关于开展特色小城镇培育工作的通知》，提出"到2020年，培育1000个左右各具特色、富有活力的休闲旅游、商贸物流、现代制造、教育科技、传统文化、美丽宜居等特色小镇"的目标。以此为开端，国家层面在组织领导和支持政策中提出两条支持渠道：一是国家发展改革委等有关部门支持符合条件的特色小镇建设项目申请专项建设基金；二是中央财政对工作开展较好的特色小镇给予适当奖励。这是中央第一次从财政资金的角度对小城镇建设给予支持。之后，特色小镇建设的浪潮席卷全国各地。2016年10月，多部委又正式发布《关于加快美丽特色小城镇建设的指导意见》。住建部于2016年10月11日和2017年8月22日分别公布了首批127个和第二批276个中国特色小镇。

2017年3月，全国两会期间，"特色小镇"成为全国人大代表们建议中出现较多的热词。"特色小城镇"概念也首次写入政府工作报告。政府工作报告提出，优化区域发展格局，支持中小城市和特色小城镇发展，推动一批具备条件的县和特大镇有序设市，发挥城市群辐射带动作用。两会期间，各地已经掀起的特色小镇热也引起了全国人大代表们的热议。两会以后，全国各地的特色小镇建设掀起高潮。

笔者认为，在"特色小镇热"面前，如何防止特色小镇走向房地产化是一大关键点。近几年，这么多的资本和企业圈那么多的土地，命名为"特色小镇"，在没有那么多的人口需求情况下，大量的小镇投资建设上马，它们的发展速度和社会主要的经济逻辑不匹配，所以那些特色小镇都不可避免地会被做成房地产。过去十多年，各地已经建的那么多新城和产业园区成为"鬼城"，也许接下来会迎来一大批"鬼镇"。

当前的特色小镇热潮具有一定的盲目性，在具体的落地过程中，有的地方理解的所谓特色小镇就是一个产业园区，按照传统的产业园区建设思路进行。在城乡二元结构下，乡村地区存在信息、交通、人才、政策等方面的不足，相对于城市，缺乏相应的产业高效率，在乡村地区发展各种产业经济园区，可能并不能发挥出应有的效率，因此，特色小镇可能不能直接套用产业园区规划建设的思路。

（五）田园综合体拓宽想象空间

值得注意的是，2017年以来，中央出台的涉及"三农"的政策，均对田园综合体和农业类特色小镇给予了政策支持。其中，田园综合体作为中央一号文件提出的具体政策指向，更是对特色小镇和特色小城镇发展给出更加具体的方向和发展路径，并注入新活力。自此，田园综合体成为继特色小镇之后，又一市场新热点。

粗略一看，田园综合体与特色小镇确实有一些共同特征：一是，两者都包括提高小城镇经济活力的重要内容，是助推城镇化发展，破解我国城乡二元结构的可持续模式。二是，都强调产业的延伸。以产业的聚集、培育和发展为核心，打造产业生态集

第二章　新田园主义探索构建

群,从而快速发展。强调深度挖掘人文历史和产业资源,推动一二三产融合和城乡统筹。三是,都强调特色的凝练与展现。注重保护和发扬地方特色,而非制造同质化的竞争,以文化、创意为灵魂,在特色上做足文章。四是,都强调去房地产化,强调产业可持续。为了推动农业现代化与城乡一体化互促共进,需有效进行"产城融合",杜绝没有产业基础的房地产开发。

仔细一看,尽管特色小镇和田园综合体有诸多相似性,但二者也有很大区别,田园综合体有其鲜明的特点。田园综合体以美丽乡村和产业发展为基础,将扩展农业的多功能性,实现田园生产、田园生活、田园生态的有机统一,以及和一二三产业的深度融合。如果说产业是特色小镇发展的核心,那么"对接三农、重视人"就是田园综合体发展的灵魂。田园综合体通过推动一二三产业深度融合发展,实现特色小镇由单纯观光向农业观光、农事体验、农耕文化品位相结合的复合功能转变。这种转变也会让更多的年轻人回到自己的家乡,缓解城市人口压力的同时也解决了乡村劳动力不足的问题。

它通过企业和地方合作的方式,对原有乡村社会进行综合的规划、开发和运营。以田园综合体为方向的农业特色小镇,内涵是新业态、方向是新产业、构成是新农民。传统的农业乡村只是以单一的经济产业或农作物作为主要支撑。而一个完善的田园综合体是各类新产业叠加的特色小镇,是包含了新型仓储、金融、工商等行业的三产融合体和城乡复合体,是以交通、物流和通信等基础设施为支撑的经济空间,实现人流、物流、信息流一体化。

从市场前景来说,以新田园主义为理念打造的田园综合体将具有超前的市场定位和市场规模。田园综合体是在城乡一体格局下，顺应农村供给侧结构改革、新型产业发展，结合农村产权制度改革，实现中国乡村现代化、新型城镇化、社会经济全面发展的一种可持续性模式。可以预见的是，在乡村建立居住和产业结合的共生体一定会成为趋势，这样的市场必然会迎来广阔的发展空间。

第三章

新田园主义的主张

进入21世纪以来，新田园主义扎根于中国城乡融合发展的土壤，结合田园综合体的实践，笔者尝试提出十大核心主张。值得强调的是，在2017年底的中央农村工作会议上，习近平总书记提出了要走中国特色社会主义乡村振兴道路，并指出其包括走城乡融合发展之路、走共同富裕之路、走质量兴农之路、走乡村绿色发展之路、走乡村文化兴盛之路、走乡村善治之路、走中国特色减贫之路。新田园主义的十大主张着眼于解决不同层面的"三农"问题，符合总书记七条"之路"说的精神。2018年2月，中央一号文件就乡村振兴作出具体部署。可以说，新田园主义符合乡村振兴战略的要求，是推动乡村实现振兴的途径之一。

一、新田园主义者眼中的于特耶纳

提到对于新田园主义的思考，最早一批田园综合体的实践者在探寻思想理论和实践经验时，寻访到了北欧的一个美丽小镇——于特耶纳。于特耶纳虽不是新田园主义理论的起点，但北欧人智学中的一些思想和做法给中国最早一批的新田园主义探索者带来了启发。这是一个很小众，但在小众范围里很知名的小镇，起源于20世纪的中期，这里有一群来自大城市的建筑师、社会学家、文教工作者，他们按照自己的理想，自己的哲学来建造自己的家园，在那里开垦农场，开办学校，建立自己的公共秩序。

20世纪初叶，奥地利科学家、思想家和教育家鲁道夫·斯坦纳创立了人智学，这是一门用科学的方法来研究人的智慧、人类以及宇宙万物之间的关系的精神科学。他主张，通过研究人智学可以清楚地认识自己和人类精神的存在，以及物质世界与宇宙的现象。研究人智学的目的是培养一个完全开放的胸襟，既不盲从也不随意拒绝，当人的内心有所需求，这种知识和智慧就会涌现，并可以以内心世界的需求来调节，直至获得与精神世界的共鸣。

于特耶纳是北欧人智学理论研究和实践的基地。自1930年始，受人智学启发，许多社会企业就在于特耶纳及其周边地区逐步建立并成长起来——包括有机农园市集、诊所、乳品店、生物动力农场、学校、为有身心障碍的人群提供支持的社会事业机构以及文化中心等。据统计，在当地与人智学相关的活动为大约2000人提供了就业机会。

随着时间的推移和研究的深入，基于人智学的理念已经发展出许多实际的应用，包括体制外教育的华德福教育、人智学医学、生物动力农业以及艺术当中的优律司美和人智学建筑。人智学的基本思想是"以人为本"，具体有三条核心理念：（1）个体的自由意志、独立思考；（2）同理心，找到个体自由的边界；（3）大家一起做有趣有意义的事情。在这三条核心理念引导下的人智学在于特耶纳并没有停留在理论研究层面，而是真正在教育、农业、建筑、日常生活等各个方面得到了实践和运用。这个包容开放的价值观不断聚集更多的人来到于特耶纳生活、创业、寻根。

在于特耶纳，人智学不只是一个方法论，而在各个产业得到了实践。于特耶纳小镇有自己的市集、华德福学校、文化中心、

第三章 新田园主义的主张

道德银行、生物动力农场和理论研究基地。这些机构的设立和运行都力求融入当地,与居民和谐共生,而不是"与民取利"。小镇呈现着一片幸福美好的风光,其核心是因为一群有共同价值观且热爱生活的人在这里实现着各自的梦想。

总体来说,人智学是一元性的哲学,认为物质也是一种精神,在可以与你身体里那个更高级的存在产生共鸣的情况下,它就会对你产生影响。人智学视角下,任何物质都是能量。人智医学更看重人的生命力和精神存在,就像中国人谈的"气",生物动力农业认为作物的生命体会受到那些星球和星座的影响,而在华德福教育的理念当中,整个孩童发展的过程正是精神体一个阶段一个阶段入世的过程。笔者和田园东方的一行同事曾对于特耶纳进行访问,简单介绍如下。

(一)建筑

人智学建筑超越了在常规建筑设计里面对材料、空间、尺度等的研究,实际上,它已经跟一种美的体验联系在一起了。这并不是一种常规的美,而是一种大自然和建筑之间的共鸣,某种意义上的宇宙之美。人智学的建筑在设计之初就更希望他们的建筑如优律司美一样,是内心精神的一种反映。建筑用它的空间体验来向人述说,让人们的内心感受到。这正如音乐对人的影响一样,因为在音乐中有更高级的因素和身体里更高级的精神存在共鸣。

于特耶纳文化中心(休息区和礼堂)、小教堂、天宇等,埃里克·阿斯穆森(Erik Asmussen)和他的同事们设计的建筑遍布于特耶纳。通过采纳与自然浑然一体的设计样式,采用有机材料,配合光线与颜色,创造出独特的环境氛围。每个建筑都自成一件非凡的艺术品。几个领衔的设计师都曾获得过建筑类最具声望奖。

建筑本身能够与在内部进行的人类活动相得益彰,这一点可以从拥有明朗蓝色调的优律司美工作室明显地看出。挑高的天花板使得演绎优律司美的艺术家的动作得以舒展,宽广的八边形地板设计更是激发了优律司美的造型编排和运动。圆形屋顶与建筑物周围突出的圆形的花岗岩相互辉映,并使其具有一种戏剧化的效果。建筑颜色与建筑形式也是相互呼应的。

以文化中心为例,在这栋典雅的建筑内,你能看到剧场、咖啡厅、会议室以及办公室。这里从1992年开放伊始就迅速成为文化中心,提供形式多样、丰富多彩的文化交流活动,从歌剧、舞蹈表演、交响乐到乐曲独奏、个人戏剧表演和马戏表演等等。文化中心的成立希望能够为人们生活中的各个方面带来启迪,促动新的思考。卓越的音响效果、优雅的室内空间设计和墙壁雕塑交相辉映,成就了一个独特的可容纳500人的演出大厅,并获得了瑞典2001年度最具声望建筑奖银奖。

如今,通过网络,外来的人们可以查询到该地对自己如此的描述:"对那些希望在恬静并能够给他们带来灵动启发氛围的于特耶纳度过一个周末甚至一整周的人们,于特耶纳可以提供价廉质优的住宿。您可以住在文化馆附近,那里不但置身美丽的农园,又临近餐厅、咖啡馆和店铺。房间标准优于国际青年旅舍的标准,每个人自带毛巾和床单,并在离开时清理自己的房间。如果加付额外费用,那里也可以提供床单、毛巾以及房间清理。多数房间都配有可以冲淋沐浴的盥洗室。"

（二）生物动力农场

生物动力农业也是根据斯坦纳人智学体系建立起来的。生物动力农业是世界有机农业中最高级的农耕形式，完全不使用化肥、农药与转基因技术，而是极端注重品质，融汇天地万物、土壤与动植物的内在能量、自然动力与康复能力，探索出了一整套依靠自然生物动力来从事农牧生产的农耕法。在生物动力农场，有一个独特的沼气池设施提供给生物动力研究机构做研究和发展项目。这套设施将动物粪便和有机肥料转化为可再生能源。在作物收获之后，通过自然堆肥的方式把农作物废弃物返回土壤，使土壤具有可持续的肥力与活力。

生物动力农业在欧洲，经过近一个世纪的发展，已经成为一个以农场为依托，与森林自然教育、亲子教育、华德福教育基地、田园旅游、假日休闲及养生养老相互结合的未来乡村发展的综合体模式。例如，华德福学校的高年级学生周末会来农场实习，了解有机农业的是一项多么复杂的工作。应该说，这一农业体系针对农户所遇到的实际问题提供了很多切实可行的解决办法。其以人类活动和大自然之间正确互动为基础，强调要生产有内在活力、健康的食物，非常注重健康土壤的培养与肥力的恢复，同时注意保护环境。

应该看到，生物动力农业，不仅对国内有机农业的发展以及引领化学农业向有机、可持续农业发展有很大的帮助，同时更是目前国内农业特色小镇规划和乡村永续发展的借鉴典范。

（三）华德福学校

华德福学校的理念或斯坦纳的教育思想基本上就是建立在他

的人智学基础之上的。我们知道,教育思想的发展来源于对人性看法的改变。斯坦纳的教育思想完全建立在精神性的宇宙人类学即人智学基础之上。如果希望探测发展个体的本质,就必须考虑到人的潜在本性。

华德福学校教育是一种崇尚自然、以人为本、尊重个体成长的教育。在华德福教育中,艺术与手工活动是非常重要的。在进行田园教育时,需要采取艺术、手工活动来帮助儿童开启心灵经验。这种自然的艺术包括从自然中选择各种物品进行手工活动,也包括从人们生活的自然演变中产生的各种艺术活动,如各种类型的绘画、歌舞表演、艺术戏曲、地方特色等。

在实践者看来,华德福学校是与大自然融为一体的,具有对未来的疗愈作用,甚至是社会交际作用。学校建筑应该有美妙的形状,又应是很实用的建筑,要让每个孩子都有自己的教室。建造学校,应考虑学校具体生活情况和孩子发展状况,然后去形塑它。它可以简单地被使用,但一定要有美的元素存在。它要对日常生活有帮助,而不是变成一种风格。可循环材料的使用,是可持续思维的最好的体现,因为华德福学校应该是可持续的。

耕读是华德福教育在教育方面的一项实践。耕读是中华民族的优秀传统文化,巧的是近代发源于西方的华德福教育也大力提倡耕读,并将耕读做得淋漓尽致。联合国教科文组织网站对华德福教育如此介绍:"根据倡导华德福教育理念的学校在各大洲的具体实例中,最吸引参观者注意力的莫过于华德福学校展示出的教学实况,他们给充满矛盾的现行教育提供了很好的参考。他们每一个实例都是独一无二的,并且无法生搬硬套。这种直接接触现实生活的教育理念,以及这种教育实践所带来的成果,对于那些被校园内外的厌学、暴力、故意破坏、失学等严重问题困扰的很多国家以及其教育行政人员来说，华德福教育的实际经验是非常有效的。"

(四)"道德银行"

在人们的刻板印象中，"道德"是一种无私奉献、不求回报的利他主义行为，"银行"则是一个投资理财、追名逐利的利己主义场所，二者并不搭界。然而，于特耶纳小镇的"道德银行"却突破了人们的固化思维，将原本"井水不犯河水"的元素勾连在一起。在于特耶纳，"道德银行"不是单纯的商品交易，而是一种对爱心善举的回应与补偿，具有符号效应和示范作用。一个理想的社会，理应让好心人得到更多的尊重与支持。在于特耶纳的人智学先驱看来，建立"我为人人，人人为我"的选择性激励制度，实现利己与利他的平衡，在服务他人中实现自我，在自我完善中造福社会，才是文明社会的应有图景。

"道德银行"这个词，是当地一位人士对该家银行作介绍时用的，与我国的一些地方基于"德育教育"领域使用的同样的词，并不是一个意思。这里指的是一家真正的银行，只不过，这家银行对所选择的贷款支持事业，并不希求高的回报，而是保本微利即可；同时，在这家银行存款的人们，也同样并不希求高的回报。可见，于特耶纳是主张实践，主张解决原住民金融需求的。

(五) 治疗之家和马疗愈中心

人智医学并非是主流医学治疗的一种延伸，而是另一种选择。它看待疾病并非仅是一种不幸的事故，或是机制故障，而是一种与整个人以及可能的病情的紧密联结。如果以适宜的方式看诊与治疗，可以在社会里达成一个新的平衡。

除了医学技术与治疗之外，整体解决问题的方法还包括节制饮食的规则、营养学疗愈、韵律性按摩、水疗法、艺术疗愈（绘画、雕塑、优律司美、音乐、演讲）以及咨询等。每一个人均被视为具有灵性、物质与心智体质的独特个体，然后需要适宜的治疗。生活有其意义与目的，而失去了这种感觉，经常会通过一般健康状况的恶化而反映出来。

在于特耶纳，设立有人智学马疗愈中心。瑞典的马术理疗师杰斯伯·弗朗表示，马疗愈属于文娱康复治疗的一种，虽然不能完全代替传统治疗，但可作为传统康复模式和治疗手段的发展和有益补充。他介绍说，儿童与马相处会感觉更放松，从而有助于他们打开心扉，开展针对性的康复运动，降低肌肉痉挛，增加关节活动度，协调身体机能。马匹疗愈师通常会通过马匹学习、反应的方式来进行培训，以促进患者与马的情感发展，同时让马匹也听从患者的指示。治疗内容通常还包括教学马匹照料、刷马、备马具和基本的骑马技术。

如今，马疗愈适用于抑郁症、注意力缺陷、行为障碍、分裂性障碍、焦虑症、痴呆症、自闭症和其他很多相关疾病的患者。马疗愈在患者的自信心、自我效能、自我概念、沟通能力、信任、思维方式、降低隔离、自我接纳、冲动控制、社交技巧、界限认识、精神联结等方面都能起到积极作用。目前，马疗愈被认为是现代康复手段中最有突破性、发展最为迅速的治疗方法之一。

（六）市集和商店

于特耶纳是一个有机生态小镇，这里的居民拥有统一的价值观、生产、生活有一个统一的方法论作为基础。

在农园市集，你可以购买到所有在生物动力农园生长的作物。同时还有种类繁多的其他生物动力产品出售。在这里，你可以找到从橄榄、奶酪、面包到生态种子、花和花盆等。在商店里，你可以看到品目繁多的售卖物品。这里出售图书、颜料和蜡棒、小礼品、台灯、护肤用品以及玩具类。所有在这里出售的物品质量上乘、外形漂亮、招人喜爱并与周围的环境相和谐。店铺已经经营超过三十年，成为来访者挑选礼物的场所，同时这里也是附近瑞典企业的员工和学校学生经常光顾的地方。

咖啡店是园内为身心障碍人士提供的一个工作场所。这里提供香醇的咖啡和店内烘焙的糕饼。每周五 11：30 后这里供应汤类午餐，食材尽可能选择生物动力或者生态农场的作物。另外这里还出售很多漂亮的季节性小礼品，比如复活节圣诞节装饰物、玻璃蛋、水晶、矿石、明信片、玩具、来自埃及的人工吹制玻璃工艺品、茶壶、特殊纸张制作的笔记本、给园艺爱好者的小礼物等等。

二、新田园主义十大主张概述

于特耶纳这样理想的乡村模型并不是权力机构拍板设立的，而是在一群有共同理念的人的不懈努力下，一点点建成的。把人们凝聚在于特耶纳的是北欧人智学理论。如上所述，人智学是一种以人为本的理论，鼓励人们拥有自由意志独立思考，与此同时找到自由个体的边界，最终大家一起做有趣、积极有意义的事，这里强调个体，也强调群体、共同体。从这里可以看出，理念对于建立理想乡村社会的重要性。

中国不同于瑞典，不必认同也不能照搬北欧的人智学理念。但是，以一种健康的人本理念，以一种让人与人、人与社会、人与自然、人与未来可持续共生的理念作为人们幸福生活的共同愿景，以一种共同价值观而不是生硬的物质形态来营造社区的理念，是值得借鉴的。为此，田园东方提出了"新田园主义"，用以指导在中国发展理想的乡村模型和田园综合体。

新田园主义是一种特色小镇和乡村建设发展方法论，是一整套的规划、设计、建设、运营思想。如果说，于特耶纳的核心价值观是以人为本的西方人智学理论，那么，田园综合体所倡导的"新田园主义"正是东方的田园实践者们的精神纽带。这一理念包含十大主张，具体如下：

（一）主张产业驱动和模式可推广

新田园主义强调用模型化、可推广的田园综合体商业模式来实现理想，用文旅产业引导中国乡村现代化、城乡一体化、新型城镇化。

没有产业支撑的新田园主义（田园综合体）只能是一副空皮囊。一个完善的田园综合体应是一个包含农林牧渔、加工、制造、餐饮、旅游等行业的三产融合体和城乡复合体。田园综合体特色是"田园"，关键在"综合"：农业生产是基础，休闲旅游产业依附于农业，呈现田园特色。田园社区则依赖于以上产业，围绕居民和游客，建设具有基础产业、新型产业且城乡一体、有村落肌理的田园社区。田园综合体从概念上来说，就是多产业的综合规划、多业态的综合运营。例如，原来是片农田，现在可以观光；原来是所农房，现在可以开家客栈。

新田园主义以旅游产业为先导，尤其将乡村旅游作为先导产

第三章 新田园主义的主张

业重点发展。要以产业体验为孵化,让游客在这里能够体验生产过程,感受不一样的生活方式,享受良好的生态环境。田园综合体的整体感觉则符合诗意栖居地的定位,应能够激活乡村价值和归属感,同时实现休闲度假的功能。还应该看到,农业旅游只是田园综合体建设的重要内容,而不是全部内容。要提高田园综合体建设的含金量,保持田园综合体发展的持续性,还需要在拓展产业链上下功夫。

田园综合体内一二三产业齐全:第一产业能实现农牧结合、种养循环,综合利用各种废弃物,形成循环利用系统,生态环境友好,实现种植业、畜牧业、林业、渔业等产业的有机结合。此外,一年多数时间都有可供观赏的景色。由此可以吸引城乡旅游者前来旅游、观赏、体验,在凸显美学价值的基础上体现经济价值,即发展创意农业。第二产业不以发达的精深加工为特征,而是以方便旅游者消费、携带为目的,经过加工,使农产品多样化、多功能化、更具观赏价值。第三产业主要是"旅游+",即为旅游者服务的餐饮、住宿、交通、旅游产品销售等产业,和第一产业结合后还可能产生体验、文化、教育等产业,满足更高层次的旅游需要。

当前国家提倡农村一二三产业融合发展,并积极开展试点示范。田园综合体内,一二三产业全面发展,并能够很好地融合在一起。因此,田园综合体是高标准的一二三产业融合发展的载体,也是一二三产业融合发展的升级版。与此同时,以田园综合体为载体的新田园主义也将是一种值得推广的农旅融合新模式。对农民来说,远走他乡和抛家别亲的进城务工牺牲太大,容易造成农村留守老人、留守妇女、留守儿童等社会问题。新田园主义开启了产业集群新模式,其内核是乡土经济逻辑,而不是粗放式城市化经济逻辑。乡土经济逻辑追求的是"农业集群+休闲产业集群"的利益最大化。所以,以田园综合体为载体的新田园主义更加符合中国农耕社会的文化环境和地理环境。在田园综合体模式下,农民可在本区域内多元发展,从多个产业融合发展中获取收益,在实践中按照理论、产业、业态、规划、运营等模型化方法论复制与推广。

(二)主张对接三农

新田园主义鼓励与"三农"产生关联,积极促进产业和文化的发展,实现"三农"之"富强美"的发展目标,包括各种可行的合作方式。

农业要强、农村要美、农民要富,这是"三农"发展的总目标。总体来看,新田园主义是"三农"发展的新抓手:利于农村美,可以成为新农村建设的样本,探索多元化的发展模式,改善乡村居住功能,实现农村基础设施和公共服务的全面提升;利于农民富,可以成为实现城乡一体化的新支点,以城带乡、以旅促农,成为实现乡村现代化和新型城镇化联动发展的新模式,让农民充分受益,成为农民脱贫致富的利器;利于农业强,可以成为农业供给侧结构性改革的突破口,让农业产业链价值链延伸拓展。

对接农村。新田园主义,以旅游业为先导,以农业为核心产业,打造出一套"农业+旅游+社区"的完整的生态圈,包含生态农业、现代农业、特色旅游、美丽乡村、田园社区等要素。这既是对美丽乡村这一概念的发展和升华,又是顺应农村供给侧结构改革、发展农村产业、构建新型城镇化而出现的可持续、绿色发展模式。

第三章 新田园主义的主张

对接农业。在很多以农业生产为主的地区,由于缺乏产业链条的延伸,农业往往不能给农民带来最大利益,甚至有些地方的农业赚不到钱,尤其是在大田粮食种植上很明显。与以往农民分散承包耕作土地的传统农业模式相比,新田园主义注重寻找农民的诉求点,充分调动农民参与的积极性。田园综合体在对农业的统一开发利用中,将农业用地从农民手里集中起来,通过整合产业链发展新兴特色农业、生态农业、绿色农业,并对农地的使用进行长期规划来更有效地发展农业经济,大大提升效率和附加值。

对接农民。在发展田园综合体过程中,农村基础配套设施将极大改变,生活环境的直接改善让农民充分体验到获得感,并获得很好的经济收入。比如,在土地流转过程中会产生流转的土地租金收益,田园综合体内的产业向农民充分开放,吸纳周边有劳动能力的农民参与到种植、加工、旅游等多个环节,实现农民增收。再如,充分利用田园综合体内的创客孵化机制,鼓励本地和外来农民学技能、转思想,成立合作社或个人创业,以创业创新机制为保障,实现从传统农民到农村创客的"三级跳"。此外,还能够形成农村的新农人阶层,具有促进一二三产业融合发展的技术能力,为农村转型提供智力支持。

总之,新田园主义坚持以农为本,以保护耕地为前提,提升农业综合生产能力。努力保持农村田园风光,保护好青山绿水,实现生态可持续;要确保农民参与和受益,带动农民持续稳定增收,让农民充分分享发展成果,更有获得感。新田园主义致力于能够让农业获得价值延伸,能够增加农民的收入,能够降低农村产业的风险。让人们从中感到农业是充满希望的现代产业,农民是令人羡慕的体面职业,农村是宜居宜业的美好家园。如此,有利于解决农村、农民、农业问题。

(三) 主张城乡互动

新田园主义鼓励城市人来乡村消费、旅游、创业、生活和定居，带来经济和文化互动，促进交流与融合。

"望得见山、看得见水、记得住乡愁。"乡村本来是应该能够产生乡愁的地方，但不少地方的农村给人的感受却是缺少活力与生机。从新农村建设实施开始，国家已经连续十多年对农村进行大量的投入，但有起色的乡村数量比较有限。同样由于人口集聚和公共服务进步，城市无论大小，近年来都得到长足的发展，城市原来破旧拥挤的住房被新型居民小区替代，老城区窄小的街道被大马路、大广场、大公园替代。

城市繁荣而农村落后，究其原因是我国的农村资源向城市单向流动的体制造成的。农村大量的人口、资金、土地等要素单向地流向了城市，而从城市向乡村的流动，除了国家的财政投入、数量较少的返乡创业外，其他就非常少了，这也是乡村落后的主要原因。如何让资金与人才向乡村流动，就成为我国乡村振兴的关键点。

2016年以来，随着新农村新农业新城镇建设探索的步伐不断加快，一些城市资本、技术、人才也开始流入农村。新的样本和模式不断涌现，一种城乡互动新格局正在逐步确立。2017年底，中央提出城乡融合发展。以田园综合体为载体的新田园主义为城乡的互动融合发展格局搭建了新的模型，是契合城乡一体化融合发展的产物。

新田园主义面对的是城里人的乡土田园梦和乡村人的城市化梦想。一群人想要回归田园，另一群人却想要走向城市。一群怀着田园梦的运营者、游客和新居民，如何与另一群怀着城市梦的旧居民、行政管理者进行商务沟通和利益协调，这需要相互磨合，最终才能形成一个可持续的共赢发展模式。

因而，推动城乡融合发展是新田园主义的一大要义。新田园主义是集现代农业、休闲旅游、田园社区为一体的乡村综合发展理念，为农业现代化和城乡一体化联动发展提供了新支点。作为其商业模式和社会实践，田园综合体要素集中、功能全面、承载力强，是城乡一体化的理想结合点和重要标志。建设田园综合体，不是在生产、生活和生态等领域单一的、局部的试点探索，而是对农业农村生产生活方式的全局性变革。通过产业的深度融合、要素的双向流动，带动田园综合体资源聚合、功能整合和要素融合，使工农城乡关系在田园综合体中相得益彰。

新田园主义是乡与城的结合、农与工的结合、传统与现代的结合、生产与生活的结合，它拉近了游客与乡村的距离、城市与农村的距离，以乡村复兴和再造为目标，通过吸引各种资源与凝聚人心，给那些日渐萧条的乡村注入新的活力，重新激活价值、信仰和认同。如此，城乡之间双向流动、相互支撑、共同发展、互动共荣，才是可持续的，才能尊重农村，改变乡村落后、城市繁荣的不平衡格局。

（四）主张教育和文化

新田园主义主张项目须包含教育和文化设施，须容纳、对接并开展社会公益事业；虽然项目强调商业模式，是商业项目，但也要带有社会企业目的，每个项目至少要有一部分业务作为社会企业目标，并力争将文化根植和建立于企业内部，提出"复兴田园，寻回初心"。

当前社会，随着城市的过度发展，"城市病"逐渐凸显出来，千篇一律的城市建设，也使得人们开始逐渐将目光投入到乡村上，希望从乡村的留存中寻找在城市中早已消失不见的中国传统文化。也就是人们常说的，盛世中国需要盛世乡愁。乡村作为中国农业文明的精华，她的整个肌理和历史文脉都承载着中国传统哲学天人合一的思想。可以说，一个充满活力的传统村落，生活习俗、建筑风貌、生产方式就构成了一部活历史。

"美丽乡村，文化为魂。"我国地大物博，不同地方的农村，有着不同的文化传承和民俗风情，正因此，农村才会拥有自己的灵魂，成为无形的文化纽带，将世代生活在这片土地上的人凝聚在一起。新田园主义致力于通过挖掘历史文化元素，与新兴产业进行融合，用新的创意加持，在传承的基础上，不断延续新的东西，与时俱进，用文化内涵来提升产业价值，既延伸了产业链条，又形成了自己的文化魅力，使整个村落真正地"活"起来。

土地是传统优秀乡村文明的根本，新田园主义能让人们重新审视土地本身的价值。让广大的乡村能在保持原有风貌的基础上，和现代都市文明进行融合，让那些因为渴望美好生活而背井离乡的农家子弟能回到自己熟悉的土地，并且能同样享有本是城市独有的现代文明。可见，其商业模式——田园综合体也不同于一般文旅项目，不是所谓的农家乐或者农村旅游，而是一种承载着土地之情的新型乡镇文化。

田园综合体要把当地世代形成的风土民情、乡规民约、民俗演艺等发掘出来，最大限度地调动广大农民投身田园综合体建设的积极性、主动性和创造性，让外来人口可以体验农耕活动和乡村生活的苦乐与礼仪，以此引导人们重新思考生产与消费、城市与乡村、工业与农业的关系，让本地居民形成积极、健康、向上的社会风气和精神风貌，在陶冶性情中自娱自乐，化身其中。可见，缺乏文化内涵的乡村发展是不可持续的。

具体来看，从江苏无锡阳山田园东方蜜桃村的"拾房书院"，到受其影响在省内其他新兴田园综合体中的各个阅读空间，这些新兴阅读空间为传统乡村注入现代文化元素之外，也为重新审视城市与乡村的关系提供了一种新的视角。毕竟弥合城市与乡村的文化差距，才是实现人的现代化的关键所在，这需要不断提高农民自身素质，包括科技文化素质、思想道德素质以及生态与环保素质等等。

目前，随着田园乡村建设的推进，农村居民成分发生了变化，即以老人孩子为主的原住民，以艺术家、学者、创客为主的新住民，以及游客，成了新建乡村的三大人员主体。无论是提升原住民文化品质、满足新住民的日常精神生活，还是为游客提供多元文化服务，这些阅读空间和教育设施都是不可或缺的文化载体。

（五）主张乡朴美学

新田园主义认为美学是社会发展的文化内核，在美学上拒绝符号化、标签化和装饰主义，在乡村建设中反对浮夸的仿古中式风格等约定俗成的东西，新田园主义的美学观是洗尽铅华后的自然、天真、见素抱朴。

乡村有着其本来的美，我国古代诗歌中关于乡村美的描述比比皆是。"开荒南野际，守拙归园田。方宅十余亩，草屋八九间。榆柳荫后檐，桃李罗堂前。"这首诗是诗人陶渊明著名的《归园田居》组诗中的一首。乡村的一草一木，在诗人的笔下充满着诗情画意。诗句描写了乡村景色的优美恬静、田园生活的悠然自得以及摆脱尘世羁留、重返自由的欣悦之情。陶渊明的诗文根植于乡野田间，也超脱于乡野田间。自陶渊明始，"自然之美""淡泊之境""悠游之乐"这三重境界便成为田园审美的核心。

然而，在工业化和城镇化的浪潮中，乡村建筑日渐消失，童年的记忆慢慢褪色。对于大多数的现代人来说，陶渊明笔下的乡村景致已经变得越来越模糊，只能从往日的旧照片里搜寻；乡村生活也已成为褪色斑驳的记忆，甚至是幻想。似乎传统的乡村在时空上已经遥不可及了。乡村阔别喧嚣、贴近天然的诗意，熟人社会、人情浓重的浑厚民风，历史积淀而构成的丰硕而神秘的民俗文明，低碳的生活消费方式，所有这些都是现代都市中所缺乏的。

新田园主义就是在这样传统与现代、城市与乡村撕裂对峙的背景下，尽力保护、保持和保留乡土性的东西，尤其是在与城市化的互动过程中强调另一个维度的价值观，即人与自然的平衡与和谐。田园东方在无锡阳山项目的实践者"乡见设计"认为，新田园主义的美学分别在生态、空间、意象、节气、匠造、生活这六个方面体现流露，每一个田园综合体的规划，都是这六个角度之美的统一。当人们在钢筋水泥的森林里待太久，被世事尘劳的疲惫粘满身心的时候，不妨慢一点，来田园综合体的村舍里稍憩片刻，享用一下自己耕种的粗食野果，在这里的田野上箕踞而坐，看云卷云舒。

可见，新田园主义基于古典田园美学，而又更多一份自然，是农耕田园美学的创新，有着更高的生活追求和精神享受。不仅有优美的自然环境、朴实的乡风、轻松和谐的生活氛围，又要求有现代化便捷的交通，发达的通信和满足工作、生活的各类配套服务。在这里，人们可以获得关于乡野生活的全部体验，同时也可以满足对于田园牧歌时代的完美想象。

（六）主张开放与共建

新田园主义主张兼容并包，既培养别人，又联合发展，田园综合体应是许多共建者参与的过程，也是社区居民、游客、员工共建的过程，所有人都共享快乐成果。

新田园主义的实践主体是多元化的，其参与者包括农民、集体、企业、政府等多方面。新田园主义的出发点是主张以一种可以让企业参与、城市元素与乡村结合、多方共建的"开发"方式，创新城乡发展，促进产业加速变革、农民收入稳步增长和新农村建设稳步推进，重塑中国乡村的美丽田园、美丽小镇。通过复合体的利益共享模式结构，将政企银社研等这些不同主体完全捆绑融合到一起，可以有效促进区域经济主体的利益联结。

一方面强调跟原住民的合作，坚持农民合作社的主体地位，农民合作社利用其与农民天然的利益联结机制，使农民不仅参与田园综合体的建设过程，还能享受现代农业和新兴产业的效益、资产收益的增长等。另一方面强调城乡互动，秉持开放、共建思维，着力解决"原来的人""新来的人""短期来的人"等几类人群的需求。

由于新田园主义的载体——田园综合体功能多样、地域广阔，一般一个主体开发就会力不从心，即使以一个主体为主，也会以小区域或主题采取招标或承包方式分散风险。因此，多主体是田园综合体的显著特征。一般说来，田园综合体会有一个类似于开发区管委会性质的组织，就各项具体业务进行规划或者管理，但具体业务的经营需要具体的组织，或者是企业，或者是合作社，也可以委托给农民个人。

值得注意的是，针对多主体参与开发和建设的过程，2017年中央一号文件明确指出，要建设"以农民合作社为主要载体、让农民充分参与和受益的"田园综合体。中央提出以农民为主体的思路，强调要保护农民的利益，在开发中不能忽视农民的诉求，要以农民为基础。

当然，以农民为主体，并不是排斥地方政府在开发中引进经济实力雄厚的企业。新田园主义在实践中，投资大、周期长、运营管理能力要求高，不可避免地须引入较多社会资本、社会企业。社会资本为农村带来了资金和技术，但也要避免社会资本对农村资源的过度侵占、对农民权益的挤出效应。要保护好农民的就业创业、产业发展、乡村文化、生态环境等方面的权益，使农民全程参与田园综合体的建设过程，强化企业、合作社和农民之间的利益联结机制，使农民从中广泛受益。

从长远看，能否真正保证农民的主体地位，是新田园主义能否实现、田园综合体开发建设能否成功的关键。在以农民利益为大前提下，多方共同建设开发，让广大农民广泛参与其中，体会现代科技与传统农业相结合带来的收益、成果，不仅会促进新农村的建设，同时更会促进农民思想观念的转变。

（七）主张与时俱进

新田园主义要营造的是现代田园生活，不是固守传统、保守复古。在可持续发展、人文和自然等理念的指导下，主张乡村现代化，也主张传统田园生活与现代科技相对接。

党的十九大报告提出乡村振兴战略，要通过"建立健全城乡融合发展体制机制和政策体系，加快推进农业农村现代化"。其中，我国乡村发展目标由"农业现代化"转化为"农业农村现代化"，是中央对新时代乡村发展在国家现代化中地位的表述的重要创新，肯定和大幅度提升了乡村在国家现代化发展中的整体价值，开启了我国农村现代化的新时代。

在上述新发展理念的指引下，新田园主义者提出了"创新创意创业乡村"的乡村发展新主张。其首要的一点是，新农民应发挥主导作用，应秉持融合发展的新理念。新农民不是老农民，他们懂技术、会管理、善经营，既是农业和农村发展的领头羊，又是田园综合体建设可依托的力量。新农民是职业，而不再是身份，是市场经济契约下的自由选择。如此，不仅能解决"谁来种地"的现实难题，更能解决"怎样种地"的深层次问题，从而夯实发展现代农业的人才基础。

新田园主义还聚焦新农业、新农村。通过多种载体，因地制宜地打通农业与服务业，把农村社区打造成为居民提供休闲、娱乐、度假等功能的特色新型农村。既有高端三产与田园的结合，包括休闲农庄、度假庄园、森林学校等形式，又有农村一产的三产化，包括观光农庄、创意农园、市民农园等形式。将绿色环保的意识植入每个人的心中，让游客都能真正地回归自然，享受自然。

李克强总理曾说要"深入推进农村人居环境整治，建设既有现代文明、又具田园风光的美丽乡村"。未来的乡村，既有乡土气息，又有现代化的魅力，既保持田园特色，又实现现代居住功能。田园风光、乡村文化固然吸引人，有了现代化的基础设施，再把各种要素融会贯通，才能让人置身其中时更加舒心惬意。新田园主义依托田园综合体，探索多元化的聚居模式，借助聚居功能，田园综合体也将成为实现城乡基础设施和公共服务均等化的最佳空间。

因此，乡村的复兴，也需要和现代化的技术相结合。如此，发展现代乡村经济，有效用好乡村特色魅力，不断丰富现代乡村经济内涵，有力提升品质，将在我国新经济新动能培育中发挥出越来越重要的作用。这些主要在城市郊区乡村生长起来的田园综合体，既可以借助高速路网、信息网、金融网等，实现共享城市科研、创新、投融资等服务便利，更可分享优美乡村田园风光、舒适工作生活环境、宽松创业创新氛围。

（八）主张可持续发展

新田园主义主张遵循生产、生活、生态的"三生"统一。生态环境保持良好，经济上可持续盈利，当地人的生活可持续发展。强调可持续的产业培育，方法上可持续、可循环，强调自然生态理念，包括风格、技术、运营和管理文化。

所谓可持续发展就是要处理好经济发展与生态文明的关系。新田园主义注重乡村的可持续发展，把农耕文明的精华和现代文明的精华有机结合起来，使传统村落、自然风貌、文化保护和生态宜居诸多因素有机结合在一起，凸显记得住乡愁的乡村文化符号、乡村建筑符号、乡村景观符号等，保护"生产、生活、生态"等内容。新田园主义通过政策倡导、资本介入、创意实践等多方动力，引入现代农业、休闲观光、度假经济、文化创意等不同业态，逐渐唤醒沉寂的乡村，但并非大拆大建。

具体而言，在生态方面，应促进传统村落文化保护与乡村文化复兴。通过不断提高农民的文化自觉意识，发展乡村特色文化。以村落房屋为例，拾房村原本是江苏无锡一个普通的苏南自然村落，在2013年村民全部搬迁后，房屋有的被拆迁、有的倒塌。为了最大限度地保留或恢复村落自然形态，田园东方综合体

第三章　新田园主义的主张

在建设中"刀下留房",选取了十座老房子进行修缮和保护,还保留了村庄内的古井、池塘、原生树木,最大限度地保持了村庄的自然形态。

在生活方面,要在优化乡村生活环境、丰富乡村生活产品、拓展乡村生活空间、提升乡村生活品质上更有作为。要建设新型的乡村社会,让乡村成为现代技术与传统技艺的联结点,让乡村拥有让城市人向往的生活品质与社交环境。

在产业发展方面,注重三产融合,推进乡村可持续发展。通过因地制宜发展农村特色产业,加强农业与旅游、文化、健康养老等产业的深度融合。此外,乡村在大力发展的同时,不能失其本味,不能丢掉原乡精神。从长远来看,乡村社会应出现有利于长久的社会结构。要完善乡村组织,以现代化的乡村治理体系适应乡村社会的可持续发展。

所谓可持续发展,还包括通过新田园主义激发乡村发展的内生动能。乡村振兴理应是一场内外同频共振、共同再造乡土的协同行动。基于各自的资源禀赋,乡村振兴的路径不一而足,但都绕不开如何培育内在动能这一课题。这个过程中,原来的居民利益如何保障,他们的观念如何革新,发展的能力如何培育,如何参与到乡建与新生业态中,事关乡村能否真正可持续。而这正是新田园主义试图探讨和力求解决的问题。未来的乡村,不仅有美丽的乡愁,更有幸福的乡情;不仅可以满足城市人对于传统乡村的怀念,而且能够提振乡村人对于乡村未来的信心。

(九)主张营造新社区

新田园主义是以人为本的哲学,这里说的人包括"原住民、新住民、游客"这三种人,而不是其中两种或一种人。新田园主义不止停留在建造物理的空间，而更重要的是营造追求自然和人文主义的生活方式，营造有场所精神的社区。

新田园主义的思想核心是促进城乡互动和乡村经济发展，所以，新田园主义构建的是"社区"而不是"景区"，致力于创造田园式的社区生活。在城乡互动融合中，除了留住原住民，还会带来创业、就业、生活、养老的新住民，并能吸引观光、体验、休闲、度假的游客群体。这三种人群的混合居住将是农村地区向新型城镇化迈进的重要支撑。

要正确处理"原住民、新住民、游客"三者之间的矛盾，使其能够和谐共处，就需要加快完善配套服务设施。配套服务设施分为两部分，一是居住发展带，一是社区发展网。总而言之，要想留住人才，就得展开人居环境建设。关于新社区的人居环境建设，物质基础是核心，精神需求是关键，这是乡村自下而上城镇化的基础，也是促进"人的城镇化"的基础。通过产业融合与产业聚集，形成人员聚集，形成人口相对集中居住，以此建设居住社区，构建小城镇化的核心基础。

对于常年工作和生活在田园社区中的居民来说，需要一整套的工作、生活服务设施，来满足定居者的物质文化需求。社区发展网必须要有服务于农业、休闲产业的金融、医疗、教育、商业等产业配套。而与此结合，服务于居住需求的居民，同样需要金融、医疗、教育、商业等公共服务，由此，形成产城一体化的公共配套网络。

具体而言，在居住空间构建过程中，不妨借鉴台湾省南投县桃米村的"社区营造"经验和分享思维。社区营造专家宫崎清教授说过，在社区营造的"人、景、地、文、产"五个方面，"人"是最关键的魂。所以，桃米村地震后的故乡再造是基于村里不同派系、不同世代的人对共同愿景的支持，通过公共参与的过程，在建设过程中合作互助、利益共享，来塑造新的价值，以文化认同实现社区共赢。

新田园主义在实践中，也即田园综合体的建设中，以休闲文旅为引擎产业，依托公共集聚空间引导资源融合和人群交流，创建田园生活吸引核。它的公共广场应具有景区广场和社区广场的双重功能，兼具开放性与归属感。广场形态适合依地形而建，围合出面积较大的公共开放空间，以承载各种传统表演及民俗活动。同时，广场与周边景观保持良好的视线通透，打造视觉焦点，以聚集人气，并通过下沉阶梯设计或主题景观小品配置，提升空间的停留性。

公共街区空间也是促进田园综合体内部有效交往的重要部分。利用乡村传统的街巷空间及建筑围合形成的过渡空间，植入休闲业态或展示功能，可实现对人流的引导。例如无锡阳山的田园综合体的拾房文化市集，以清新质朴的装饰风格营造出简单随性的交流空间，你能在这里买到新鲜的农产品、精致的农艺品，也可以在这里共同分享生活。

（十）主张实践

新田园主义不能只停留在一番情怀、一种理论，应结合社会环境、时代背景，以可持续成功的商业模式、产品模型开展实践，务实地作用于中国乡村经济和社会的发展。

新田园主义持积极向上的"入世"态度，不仅强调人与自然的和谐，更要求人们主动去掌握环境、经济、社会的规律，并顺应自然。新田园主义在田园综合体商业模式之外，还对城乡关系、乡村规划、农业、教育、建筑、社区文化等方面提出主张，这些主张都是基于关心人自身、关心人与人的关系、关心人与环境的关系，鼓励人们勇于实践可持续的经济和社会发展。

乡村是此前中国发展的负担所在，也是未来中国发展的希望所在。乡村是我国传统文明的发源地，乡土文化的根不能断。农村不能成为"荒芜的农村、留守的农村、记忆中的故园"。当前国家号召实施乡村振兴战略，也着眼于"新田园时代"背景，在城乡融合发展中创造新的田园综合体。

田园综合体既是新田园主义理论的载体，又是新田园主义理论在中国乡村实践的产物，是文旅产业引导城乡一体化的乡村综合发展模式。田园综合体是在一些发达城市的郊区、有资源的小城镇或美丽乡村构建的一种田园综合发展项目，能较快地推动当地经济产业提升和城镇化进程。

在中国社会经济产业大升级和中国旅游业发展大转型的背景下，城市郊区及乡村领域必然会出现巨大的发展机遇。田园综合体作为新田园主义的重要载体，其融合农业与旅游业，横跨推进中国新型城镇化发展与中国休闲旅游经济发展两个领域，必将成为今后城乡融合发展的新引擎。

田园东方是新田园主义的开创者、践行者，是田园综合体的先行者，也打造了我国目前比较成功的田园综合体落地案例。它以新田园主义为指导，以田园综合体为商业模式，以田园文旅小镇、特色田园乡村为主要项目类型。田园东方投资、开发、运营的国内首个大型田园综合体项目于2012年底启动，项目规划总面积约6000亩，目前已完成东区（示范区）建设并投入运营，项目北区也已完成农业和部分文旅产业建设并投入运营，并在与整个阳山镇周边的互动中持续建设、发展。该综合体位于江苏无锡阳山镇，集现代农业、文化旅游、田园社区等产业为一体，倡导人与自然和谐共融与可持续发展,通过"三生"(生产、生活、生态)和"三产"(农业、加工业、服务业)的有机结合与关联共生,实现生态农业、休闲旅游、田园居住等复合功能。

值得注意的是,新田园主义在实践的过程中,既要积极探索,又应坚守法律和政策的底线。首先在循环农业、创意农业、农事体验上下功夫,把"农"字写活,促进农村一二三产业融合发展,在农村地区培育新产业新业态;并且,结合不断深化的农村改革,在土地管理制度改革带来的发展空间、"三农"主体和资产的对外深化合作等方面释放出的生产力,创新发展模式。同时,必须坚守法律规定基本农田保护的底线,避免违法违规开发房地产;还必须强化在发展中保护农户和农村集体经济组织的权利,优先保证农户和农村集体组织的收益。在发展的过程中,扶持壮大当地农业产业,保护民俗和乡村风貌,弘扬优良的乡村社会文化。

如此,相信在新田园主义理论的指导下,田园综合体必将推动农业发展方式、农民增收方式、农村生活方式、乡村治理方式的深刻变化,真正实现新型城镇化、城乡一体化、农业现代化更高水平的良性互动,让农业经营有效益,让农民有奔头,让农村成为人们安居乐业之地。

三、新田园主义十大主张之间的关系

(一)十大主张各自解决不同层面的问题,又是个有机整体

不同于一般的农业园区建设,也不是传统的乡村旅游,新田园主义主张更多的是从乡村发展的角度对乡村资源实行合理开

发，涉及乡村一二三产业融合和生产生活生态协调。其本质上是三产融合体和城乡复合体，通过资源聚合、功能整合和要素融合，使得城与乡、商与农之元素在田园综合体中相得益彰。

尤其值得注意的是，在2017年底的中央农村工作会议上，习近平总书记系统阐述了乡村振兴战略的内涵。新田园主义的多条主张对应了乡村振兴战略提出的多条路径。新田园主义主张可持续发展，对应总书记所说的"必须坚持人与自然和谐共生，走乡村绿色发展之路"；主张乡朴美学，对应总书记所说的"必须传承发展提升农耕文明，走乡村文化兴盛之路"；主张城乡互动，对应总书记所说的"必须重塑城乡关系，走城乡融合发展之路"。

新田园主义是顺应我国基本国情的理论体系。近年来，我国农业现代化稳步推进，主要农产品供应充足，农民收入持续增长，这是非常了不起的成就。但也要看到，我国农业基础仍然薄弱，农村发展仍然滞后，农民收入仍然不高。在新的历史条件下，农业在国民经济中的基础地位没有变，农民是最值得关怀的最大群体的现实没有变，农村是全面建成小康社会的短板没有变。新田园主义理论和田园综合体实践，关乎城镇化战略的顺利推进，关乎内需的有效拉动，关乎农业现代化的实现。

解决"三农"问题，不能单线思维，不能就农村来谈农村、就农业来谈农业。新田园主义提出的十大主张，体现了"跨产业、跨功能"的集聚效应，从不同层面提出了解决"三农"问题的路径和方法。新田园主义理论及田园综合体实践，涉及统筹推进农村经济建设、文化建设、社会建设、生态文明建设，力求实现村庄美、产业兴、农民富。由于其建设涉及财政支农投入机制、农村集体产权制度改革、农业经营模式创新、建设用地保障等诸多领域，因此建设田园综合体，不是在生产、生活和生态等领域单一地试点探索，而是对农村生产生活方式的全局性变革，是引领"三农"改革发展的重大政策创新。

"中国要强，农业必须强。"当前中国经济处于工业化的中后期阶段，劳动、资本、技术等城乡要素加快流动，而且城市居民渴望田园生活，城市周边休闲农业、乡村旅游发展迅猛，农村居民也需要城市公共服务。另外，农业也进入延长产业链、增加价值链的发展阶段。当然，目前还处于生态文明的发展阶段，需要化绿水青山为金山银山。新田园主义的提出，恰逢其时。其主张产业驱动和模式可推广、主张对接"三农"、主张实践都体现了这一方向。

"中国要美，农村必须美。"目前我国仍有6亿多人口常年居住在农村，把广大农村建设成农民幸福生活的美好家园，是农业农村发展的重要任务。近年来，各地以新农村建设为抓手，推动财政投入重点向农村倾斜，基础设施重点向农村地区延伸，公共服务重点向农村地区覆盖，城乡一体化发展迈出坚实步伐，农村的生活环境、公共服务水平大幅提升，农民在发展中获得更多的幸福感。新田园主义主张乡朴美学、主张城乡互动、主张教育和文化正是农村的新期待。

"中国要富，农民必须富。"过上好日子、富日子、体面日子，是中国农民千百年来最大的梦想。建设田园综合体，要保护好农民的就业创业、产业发展、乡村文化、生态环境等方面的权益，使农民全程参与田园综合体建设过程，强化企业、合作社和农民之间的利益联结机制，使农民从中广泛受益。新田园主义主张营造新社区、主张开放与共建、主张可持续发展正是以农民利益为导向。

（二）十大主张凸显了新时代城乡协调发展的新手段

改革开放40年来的实践证明，中国农业本身并不缺乏效率，中国农村从来不欠缺潜力，中国农民从来不缺少智慧，关键在于是否有足够的空间去发挥、去成长。从历史角度看，新田园主义的十大主张就是新时代城乡协调发展的新手段。

新田园主义发源于前述霍华德田园城市理论中"以人为主体、城乡一体化、推行社会改革"的理论体系，借鉴了于特耶纳田园小镇的实践探索。在新田园主义社区，人们之所以能够积极快乐地生活在一起，是因为他们参与共建一种价值观，这个价值观，正是在这个以人为主体，尊重人、尊重自然的时代里人们的共同追求。它将人与自己、人与他人、人与自然、人与未来的关系，表现为"发现自己、分享快乐、触摸自然、播种未来"的图景，在这幅画卷上，充满着阳光的色彩。

由此来看，在这一核心点上，新田园主义的十大主张与新型城镇化建设理念不谋而合，因为新型城镇化新在"人的城镇化"，新型城镇化建设的核心价值是"以人为本"，所以新田园主义在一定意义上正是新型城镇化实践层面的指导思想和落地路径。新田园主义强调以文旅产业为抓手引导乡村社会的综合发展，就这一点而言，新田园主义又可作为当前中国乡村社会经济发展的一种实施导则。

从现实角度看，新田园主义十大主张凸显了三种城乡协调发展的新思路和新手段。

一是融合手段，将产业与文化串联起来。新田园主义主张教育和文化、乡朴美学，也主张产业驱动和模式可推广。因为，如果说诗意栖居是一种人类生活的终极理想，那么田园综合体将是当下实现理想的可行之道。建设田园综合体，就是为了把城市的资本与现代经营理念引入农村，实现生产、生活与生态的融合。没有产业支撑和文化内涵的田园综合体只能是一副空皮囊。一个完善的田园综合体应是一个包含农业、加工、餐饮、酒店、工商、旅游及地产等行业的三产融合体，也应该是包括文化产业、体育产业、教育事业等在内的文化复合体。可以说，文旅特色产业园是田园综合体的重要组成部分，衍生新业态，成为繁荣农村、富裕农民的支柱产业。总体来看，田园综合体不同于一般文旅项目，不是所谓的农家乐或者农村旅游，而是一种承载着土地之情的新型乡镇文化。

二是协同手段，构建4.0版本的乡村现代化模式。新田园主义与其他模式的最大不同在于，它提出将农民纳入乡建的进程之中，充分调动农民的积极性。在田园综合体建设上，2017年财政部通知明确提出，要争取未来两三年有大发展大变化，让各方从中借鉴学习成功经验和做法，让人们从中感到农业是充满希望的现代产业、农民是令人羡慕的体面职业、农村是宜居宜业的美好家园。如果说，过去的新农村建设是乡村现代化的2.0版本，美丽乡村建设是3.0版本，特色小镇是3.5版本，那么田园综合体则是4.0版本的形态。在这里，不仅有老农民，更有被乡村吸引、愿意从城市回归乡村、参与"三农"发展的新农民。归纳起来，新田园主义真正要走的是一条农民、农村、农业协同发展的乡村现代化道路。

三是撬动路径，激发金融和社会资本的投资热情。自2017年中央一号文件首次提出以来，田园综合体成为特色小镇之后的又一投资蓝海。田园综合体建设需要大量资金，这些资金应从哪里来？2017年，财政部出台文件对投入资金进行了明确要求，

"严控政府债务风险和村级组织债务风险,不新增债务负担"。这意味着,试点地区要利用撬动思维,积极探索推广政府和社会资本合作,综合考虑运用先建后补、贴息、以奖代补、担保补贴、风险补偿金等手段,撬动金融和社会资本投向田园综合体建设。可见,要适应农村发展阶段性需要,遵循农村发展规律和市场经济规律。在乡村建设中,不论是政府试点还是投资者,都不能太理想主义,要审慎地对待田园综合体的发展,把资金、人才、技术等优势要素汇聚在一起,建立可持续的商业模式,这考验的是地方的行政管理能力,以及组织者的资源整合能力。

第四章

新田园主义商业模式
——田园综合体

理论的生命在于实施，模式的落地也在于实施，作为新田园主义指导下的社会实践和商业模式，田园综合体从2017年以来引起了人们一轮又一轮的关注和议论。在最早的实践者田园东方的示范带动下，各地对于田园综合体建设的探索不断，被称为又一轮"三农"和县域投资的风口。那么，田园综合体模式有何背景、价值，有哪些内涵和特征，板块构成和实施框架又包括哪些要素，目前田园综合体发展面临哪些挑战，未来发展方向又在哪里？笔者将在本章对以上方面进行重点阐述。

一、田园综合体发展模式提出的背景和价值

在新型城镇化建设和实施乡村振兴战略的大背景下，新田园主义理论路径结合中国实际向下延展，由此提出田园综合体的发展模式。这是在新田园主义理论指导下新型城镇化、城乡融合发展的一种模式选择，在一定程度上能同时推进中国新型城镇化发展与中国旅游经济发展；也是实施乡村振兴战略的一种模式选择，将有效改变乡村资金、人才、技术、管理持续向城市流失的失血症，医治"乡村病"。

田园综合体是新田园主义的主要实践载体，是当前乡村振兴发展中代表创新突破的思维模式。2012年3月，笔者出于对乡村

社会形态、乡村风貌的特别关注，对农村土地和农民发展的特别感情，结合北大光华 EMBA 课题，发表了论文《田园综合体模式研究》，这是最早对田园综合体模式进行深入研究的学术论文，并在无锡市惠山区阳山镇党委政府和社会各界的大力支持下在"中国水蜜桃之乡"的阳山镇落地实践了第一个田园综合体项目——无锡阳山田园东方。

2016 年 9 月中央农办考察该项目时，对该模式给予高度认可。2017 年，基于田园东方的基层实践、源于无锡阳山的"田园综合体"一词被正式写入当年的中央一号文件。文件把"田园综合体"模式视为当前乡村发展新型产业的亮点举措。文件提出，要支持有条件的乡村建设以农民合作社为主要载体、让农民充分参与和受益，集循环农业、创意农业、农事体验于一体的田园综合体，通过农业综合开发、农村综合改革转移支付等渠道开展试点示范。

2017 年 5 月 24 日，财政部印发了《关于开展田园综合体建设试点工作的通知》（财办〔2017〕29 号）。6 月 5 日，财政部又印发了《开展农村综合性改革试点试验实施方案》（财农〔2017〕53 号），决定从 2017 年起在有关省份开展农村综合性改革试点试验。

（一）田园综合体提出的背景

党的十九大报告、2017 年中央农村工作会议和 2018 年中央一号文件都提出实施乡村振兴战略，并将其作为"三农"工作的总抓手和新旗帜。笔者认为，田园综合体模式正是实施乡村振兴战略的可操作样本之一。总体上看，田园综合体提出的背景是农业农村发展形势的客观要求。具体来说，从乡村振兴战略的多个维度来考察，田园综合体都是乡村振兴的新抓手，也是改革开放进入新时期后，我国农村新产业新业态发展、新动能新活力释放的集中体现。

当前，田园综合体正面临着三大历史机遇：一个是政府政策的大力鼓励，一个是乡村价值和功能的重塑再造，一个是城市消费主体的田园倾向。这对田园综合体在当今社会落地生根具有很好的促进和加快作用。并且，田园综合体具备与环境共处和可持续发展的经济属性，这将是中国乡村走向现代化，实现农村社会经济全面发展的最好的模式选择之一。

1. 经济新常态下，农业经济需要迸发更大的新活力

改革开放40年来，我国的农村经济体制发生了根本的变化，农村经济因此得到了长足的发展。但同时也要看到，随着农村经济结构和市场环境的变化，现有的农村经济体制已经不适应农村经济发展的需要。

首先是农业在国民经济中的比重持续下降。近几年，农业生产总值同比增长逐步放缓，2017年第一产业的农业增加值为6.5万亿，增长3.9%，远低于同年中国GDP同比增长6.9%的水平。农业总产值占国民生产总值的比重也逐年降低，2017年第一产业增加值占国内生产总值的比重为7.9%，继续降低；按照这个趋势，农业发展将进一步放缓，农业生产总值占比也将进一步降低。这对拥有众多农业人口的中国来说，不仅仅是一个经济问题，也不利于社会公平和持续稳定。

其次是农业发展的质量亟待提升。科技的发展尽管带来了农业生产效率的提高，但是仍然在传统农业这一块田地上深耕，已经不符合第一产业发展的趋势。传统农业附加值低，受制于气

候、交通等因素,很难稳定增产,而且容易增产不增收,加之农民普遍没有风险对冲的意识,这些都不利于农业的可持续发展。

当前我国经济发展进入新常态,地方经济增长面临新的问题和困难,尤其是生态环境保护逐步趋于严格,对第一、二产业发展方式提出更高的"质"的方面要求,地方经济亟须转变发展方式。而乡村承载着经济增长和发展改革的重要战略使命,农村经济需要迸发出更大的发展活力。乡村有望以综合产业为发展契机,推动农业现代化转型,承担起区域经济发展的更大责任。

2017年年底的中央农村工作会议和2018年中央一号文件都强调了农业的多重功能。笔者认为,在国家强调高质量发展的大环境下,农业在承担农民增收、农村繁荣职能的同时,还要承担生态保护的功能,不仅要使农村成为"金山银山"的基础和源泉,更要成为"绿水青山"的保护区和栖居地,不仅要使农村享受城市文明的发展成果,更要保持农业文明的田园风光和独有魅力。形象地说,农业要保供给、保生态、保收入。这恰恰是田园综合体的优势。

2. 推进农业供给侧结构性改革,亟须更高效的农村发展模式

农业发展进入新阶段,农村产业发展的内外部环境发生了深刻变化,传统农业园区的示范引领作用、科技带动能力及发展模式与区域发展过程中条件需求矛盾日益突出,使得农业园区新业态、新模式的转变面临较多困难,瓶颈明显。例如,出现土地利用效率低、产业支撑动力不足、农民受益程度较低等问题。

针对以上问题,田园综合体要解决土地矛盾,释放土地的活力和效益;要构建新型乡村公共空间,给长期或短期居住生活工

作于此的人群以宜居宜业的环境。具体有如下两方面。

一是第一大生产生活要素（土地）的活力亟待释放。过去的几年间，国家实施了新型城镇化、生态文明建设等一系列战略举措，实行建设用地总量和强度的"双控"，严格节约集约用地管理。国家先后出台了《基本农田保护条例》《农村土地承包法》等，对土地开发的用途管制有非常明确的规定。国土资源部《关于进一步支持设施农业健康发展的通知》的发布，更是将该要求进一步明确，使得发展休闲农业在新增用地指标上面临着较多的条规限制。

值得注意的是，2018年中央一号文件提出，我国将探索宅基地所有权、资格权、使用权"三权分置"，落实宅基地集体所有权，保障宅基地农户资格权和农民房屋财产权，适度放活宅基地和农民房屋使用权。笔者认为，这无疑会给田园综合体建设的土地指标留出更多想象空间。统筹农村集体经营性建设用地入市与盘活利用闲置农房和宅基地，统筹缩小征地范围与农村集体经营性建设用地入市，更有利于平衡好国家、集体、个人利益，让各类田园综合体的建设者和广大农民公平分享土地增值收益。

二是农村社区的内涵和农村居民的外延在扩大。目前，在中央"房子是用来住的，不是用来炒的"的政策下，城市的房地产投资趋于平稳，回归刚需购房市场，那么也就意味着房地产商今后的投资方向要适当转移，热门城市建设用地供给有限，县域内的城镇化建设、农村建设用地的盘活将是重要发展方向。田园综合体的建设将会极大地盘活农村闲置资产，包括土地、房屋等。在文旅、创意农业等驱动性产业的注入下，为原住民、新住民、游客这三类人群营造新型乡村、小镇，形成社区群落。

截至目前，我国县域乡村经历了过去的新农村建设、美丽乡村建设到现在的特色小镇建设,正朝着实现新型城镇化组织方式迈进。而面对城市文化交流和休闲需求的上升,如何实现在更大程度上调动农民积极性,提升农民社会地位和经济效益,让农业成为现代化产业,让农村成为宜居宜业宜游功能的美好家园这一系列目标?田园综合体作为一种更具有人文性、分享性、创新性、持续性的乡村振兴发展模式呼之欲出。

3. 坚持以人为核心的城镇化的继续推进,亟须创新思路

2018年2月28日中国国家统计局发布的《2017年国民经济和社会发展统计公报》显示,2017年年末,中国大陆总人口逾13.9亿人,其中城镇常住人口81 347万人,占总人口比重(常住人口城镇化率)为58.52%。此前,时任国家卫计委副主任王培安表示,预计2030年常住人口城镇化率达到70%左右。但是,城镇化建设并不是简单的农村人口往城镇迁移,城镇化建设过程当中需要考虑到城镇基础设施的配套情况、城镇为了接纳农村人口而进行重新规划、农村人口就业和社会保障、农村人口的转移带来的农业用地的荒废等问题。

党的十九大报告和2017年年底的中央农村工作会议从更好发挥城镇化对乡村振兴作用的角度,提出要建立健全城乡融合发展的体制机制和政策体系,目的就是要通过体制机制创新和政策体系的完善,促进城乡要素和资源的双向流动,促进城市的现代化要素能够更多配置到农业和农村,加快推进农业和农村现代化,并真正实现乡村振兴。

2018年中央一号文件提出,坚持城乡融合发展。坚决破除体制机制弊端,使市场在资源配置中起决定性作用,更好发挥政府作用,推动城乡要素自由流动、平等交换,推动新型工业化、信

息化、城镇化、农业现代化同步发展,加快形成工农互促、城乡互补、全面融合、共同繁荣的新型工农城乡关系。

在笔者看来,城镇化是一个自然历史过程,核心是人的城镇化,要顺势而为,要水到渠成。这就意味着,田园综合体建设要保护古村落,不仅要关注建筑风貌上的岁月留痕,更要聚焦身处其中的人的生活质量以及原乡文化的生命力。田园东方等不少乡村建设者就很感慨:"我们走进许多美丽的村子,有老树、山庙、石板房,但是没有人。"

笔者认为,一方面,对于回流的农民、返乡下乡的创业者,要考虑回流地(城镇)的产业集聚发展,以及公共服务的供给问题,让他们能够安家。另一方面,由于代际差异,很多"农二代"已经离土不回村了,生活方式完全是"城市化"的,政策措施和产业布局都要顺应这个趋势。

以上两方面恰恰与田园综合体的思路不谋而合。田园综合体作为农村城镇化建设的新思路,可以主动使农村的基础设施建设向城镇看齐,将农村改造成新型的田园小镇,从而缓解农村人口迁移带来的巨大压力和诸多矛盾,同时也可以为农村的就地就近就业提供新机会。"望得见山、看得见水、记得住乡愁。"这是无论城市还是乡村里每一个人的理想愿景,也是国家城镇化建设的目标所在。

4. 社会资本大力向乡村集聚,农村生产生活方式和农产品流通手段发生了颠覆性变化

工商资本下乡是近年来"三农"领域的一个态势性现象,农业部统计承包地流转有10%以上进入工商资本手中。这显示,经过十余年中央和地方各级有关农业农村发展政策的引导,农村经济有了较大发展，农业向现代化发展，农村的各项基础设施逐步完善，产业布局逐步优化，市场个性化需求日渐分化，市场空间得到有效拓展，生产供给端各环节的改革需求也日趋紧迫。社会资本、工商资本开始关注并进入农业农村领域，对农业农村的发展起到积极的促进作用。

2018年中央一号文件提出，实施乡村振兴战略，必须解决钱从哪里来的问题。要健全投入保障制度，创新投融资机制，加快形成财政优先保障、金融重点倾斜、社会积极参与的多元投入格局，确保投入力度不断增强、总量持续增加。在提及工商资本时，文件强调，要加快制定鼓励引导工商资本参与乡村振兴的指导意见，落实和完善融资贷款、配套设施建设补助、税费减免、用地等扶持政策，明确政策边界，保护好农民利益。

据笔者观察，国家政策对资本下乡的态度是，既鼓励其为农村带来新的资金、技术和管理，也提出了对其设置防护墙和约束机制；既要鼓励工商企业投资农业，又要防止对农户的就业和增收空间的挤出效应。21世纪以来，投资农业的一部分工商资本成长为农业产业化龙头企业，但也有问题伴生出来。为此，中央曾发文强调，工商企业投资农业应当主要从事产前、产后服务和"四荒"资源开发。近年来，随着经济社会发展进入新的阶段，一批来自城市的非农工商资本蜂拥而入，其主营业务与农业并没有直接关联，但进入农业后，有的直接从事农业种养生产，流转了大片土地。

笔者认为，田园综合体投资巨大，不可能单靠政府或村委会的力量。可以说，田园综合体建设就是吸引资本下乡的有效手段，激活了农村经济的一池春水，同时也避免了以往资本下乡过程中与农民争利的问题。近年来，田园综合体建设引发社会资本的集聚，不断创新资本的利用、合作模式，其中PPP模式有效带动企业这类社会资本与政府合作，在县域、镇域空间甚至跨区域开创更多合作项目。同时，工商资本进入该领域，也期望能够发挥自身的优势，从事农业生产之外的二产加工业、三产服务业等与农业相关的高附加值产业，形成农村一二三产融合发展的模式。

当前，我国农村新兴生产方式和农产品流通手段发生了颠覆性变化。诸如农业物联网、无人机、大数据、精准农业、农产品电商等手段在种植业、养殖业、农村服务业各领域广泛应用，到处都能看到下乡资本大显身手。无疑，田园综合体为承载以上产业和功能提供了优质土壤，也是工商资本最擅长和最应该投向的重点领域之一。

5. 休闲农业、乡村旅游、乡村养老等新产业和新业态需求旺盛

良好的生态环境是农村的最大优势和宝贵财富。旅游既是人民美好生活需要的重要体现，同时人民对旅游休闲的需要也在不断朝着更美好的方向提升。乡村旅游发展不仅能给农民带来新的就业机会和经济收入来源，而且能够促进农业在市场、组织等多方面的现代化，能够带动农村基础设施和生活环境的改善，从而有利于一揽子解决"三农"问题、促进乡村振兴。作为一种造血式产业扶贫手段，乡村旅游在精准扶贫中也具有独特优势。

田园综合体建设，推动了乡村自然资本增值，落实了中央要求的绿色发展的理念，其统筹山水林田湖草系统治理，严守生态保护红线，增加农业生态产品供给，提高农业生态服务能力，让老百姓种下的"常青树"真正变成"摇钱树"，让更多的老百姓

吃上"生态饭",让绿水青山真正成为兴村富民的金山银山。

不难发现,乡村旅游可以发展的业态非常多,除了依托乡村风貌和文化发展的业态之外,现代休闲度假的一切业态几乎都可以在乡村地区发展。乡村旅游发展态势好、潜力大,但与乡村旅游发达国家相比,我国乡村旅游在旅游发展大盘子中占的份额比较小,乡村旅游收入占旅游总收入的比例为12%。随着城乡一体化进程的加快以及农村基础设施和公共服务的完善,乡村旅游将处于快速发展期,在乡村振兴战略和脱贫攻坚工作中可有大作为。

综上所述,现阶段,传统农业产业园区、农业休闲观光园、农业文旅小镇的发展思路已经不适合新形势下的乡村旅游和休闲农业产业升级、统筹发展的要求,亟须用创新的方式来解决农业增效、农民增收、农村增绿的问题,田园综合体就是比较好的"旅游+"业态创新模式之一。

(二)田园综合体发展模式的价值

田园综合体是加快推进农业供给侧结构性改革、实现乡村现代化和新型城镇化联动发展的一种新模式,是培育和转换农业农村发展新动能,推动现有休闲农庄、家庭农场、农民合作社、农业特色小镇、农业产业园以及农旅产业、乡村地产等各式载体转型升级的新路径。不仅具有重要的经济价值,还具有重要的社会、文化和生态价值。

1. 经济价值

吸引集聚资源要素。以田园综合体建设为契机,可以聚集整合土地、资金、科技、人才等资源,促进传统农业转型升级。田园综合体通过对传统资源和高端要素进行配置重组,从供给侧和需求侧双向发力,既激活了本土特色产业和文化内涵,同时提供了高端要素资源配置的空间产品,满足了人们多样化、多层次的差异性消费,搭建了有效供给和有效需求对接的平台。具体来看:"地"——田园综合体创新土地开发模式,保障增量、激活存量,解决现代农业发展的农业用地和建设用地问题;"钱"——创新融资模式,解决了现代农业发展、美丽乡村和社区建设中的钱从哪儿来和怎么来的问题;"人"——田园综合体既是原住民就地城镇化的载体,也将成为高端人群的集聚地。在我国现代化发展较快的地区,城市化和逆城市化共同存在。特别是在沿海发达地区,逆城市化、郊区化现象将进一步扩散,其主要群体就是高端人群。

延伸扩张产业链条。近年来,我国将农业供给侧改革作为转化"三农"发展动能的主要抓手,进行了多项改革尝试,取得了一定效果,积累了良好基础,特别是在"提质"方面,在优质农产品供给方面,取得了较大突破。下一步,要思考的是如何将现有改革项目集聚、联动,形成精准发力、高起点突破的新引擎,在进一步"提质"的基础上做到"增效",让农民充分受益,让投资者增加收益,将是"三农"领域改革面临的新挑战。田园综合体恰恰打通了一二三产业,集循环农业、创意农业、农事体验于一体,以空间创新带动产业优化、链条延伸,有助于实现产业深度融合,打造具有鲜明特色和竞争力的"新六产",实现现有产业及载体的升级换代。

孵化激活新型业态。传统的农业乡村一般以单一的种植业或畜牧业作为主要支撑。而一个完善的田园综合体则是各类新产业叠加的特色小镇,是包含了新型的仓储、金融、工商等行业的三产融合体和城乡复合体,是以交通、物流和通信等基础设施为支撑的经济空间,实现人流、物流、信息流一体化。比如,乡村旅游和休闲农业被农业部门定义为农村新产业新业态,而在田园综合体里,乡村旅游则萌发出更新颖更高级的业态模式。其运营理念、乡野氛围、业态功能等,可以带给人们真实的田园体验,尤其是传承了优秀乡村文化,实现了传统乡村旅游从"看一下"向"住下来"、从"浅花钱"向"深消费"的转变。如此,田园综合体将成为乡村旅游从观光体验向浸染互动跨越的新动能。

引领县域经济发展。从地方经济发展视角来看,田园综合体建设运营到成熟阶段后,将形成一个田园综合体的巨大经济网、地理网、智能网和文化网,每一个田园综合体都是一个节点,一个个节点联系起来,就是一个区域性的田园综合体集群,它间接服务于区域城市综合体群,两者连接呼应,就形成了区域性的城乡竞争力。而且,区域田园综合体集群和区域城市综合体群代表着工农城乡两种不同的产业集群模式和社区集群模式,两种模式之间可以形成一种平衡,有利于整个宏观经济的协调发展。

助农增收精准扶贫。田园综合体是培育新型职业农民的新路径,将成为农民增收的新模式,也成为精准扶贫的有效途径。田园综合体集聚产业和居住功能,通过对农业乡村的产业化改造,让外出务工的人员回流成为家乡建设的支持者和参与者,让他们充分参与和受益,从而避免农村空心化,带动带旺农村的人气;当前,国家提出精准扶贫、精准脱贫,2020年农村贫困人口要全部脱贫、贫困县要全部摘帽。从脱贫的角度看,田园综合体最重要的功能是赋予农民及其从事的产业自主"造血"的本领。新田园主义主张对接"三农"。各种扶贫政策和资金,可以精准对接到田园综合体这一产业平台,释放更多红利和效应,让农民有更多获得感、幸福感,让农业有可持续发展支撑,让农村真正成为"希望的田野"。

2. 社会价值

重构城乡。以城带乡、以工促农、形成城乡发展一体化新格局,必须在农村找到新支点和新平台。田园综合体要素集中、功能全面、承载力强,是城乡融合发展的理想结合点和新引擎,为乡村振兴和新型城镇化联动发展提供了支撑。同时,除了基础设施,城市人对田园休闲的需求也不断升级,已经不仅仅满足于一个可供休憩的乡村外壳,精致、有情怀、经过魅力改造的时尚乡村才符合他们的口味。田园综合体能在利用乡村本身肌理的基础上,植入城市人喜爱的休闲功能,营造一个传统乡村和时尚都市魅力相融合的强磁场,成为城乡休闲生活的嫁接体。

功能整合。一个完整的田园综合体应该包括六大功能:食物保障功能、就业收入功能、原料供给功能、旅游休闲功能、生态保育功能、文化传承功能。在这样的田园综合体里,这些功能应相互促进、相互融合,成为在经济价值、生态价值和生活价值上获得均衡的人类栖息地。另外,乡村地产也不能回避,其经过长期的探索和创新,积累了一定能量,但也进入了"瓶颈期",土地供应机制、开发模式、营销渠道等都面临转型。田园综合体包含新的农村社区建设模式,在土地盘活机制、建筑特色、适宜人群等方面将有飞跃式的变革,借助这一平台,乡村地产将寻找到新的蓝海。

健康中国。按市场规律生成的田园综合体中,每个个体都将围绕共同的利益超越自我,在更深广的时空里满足其身心健康需要。按照中央精神,健康中国有三层含义:一是提高老百姓的健康水平和长寿水平;二是要有健康理念,配备完善的健康服务条件,以及基本的健康保障;三是要求把健康列入国家发展的重要地位,实施全方位、全周期的健康服务和健康保障。田园综合体紧紧围绕健康中国这一核心做文章,体现这三个方面的价值意义。可以预言,它能够实现"农业增效、农民增收、农村增美、人民增寿"的四增目标。

3. 文化价值

存放盛世乡愁。2013年12月,中央农村工作会议提出,"农村不能成为荒芜的农村、留守的农村、记忆中的故园"。2018年4月18日,农业农村部印发通知,部署开展休闲农业和乡村旅游升级行动,通知中特别提出要"结合资源禀赋、人文历史和产业特色,挖掘农村文化,讲好自然和人文故事,建设有温度的美丽乡村,书写记得住的动人乡愁,提升休闲农业和乡村旅游的文化软实力和持续竞争力"。可以说,归隐田园是当下城里人最为津津乐道的一种生活状态。当田园综合体出现,就唤起了人们心中的田园情结。田园综合体将成为乡村复兴梦的核心动力。"让城里人闻到一缕炊烟,以慰乡愁;让村里人触碰时代脉动,享受现代生活。"这幅令人向往的场景将通过田园综合体建设实现。在这里,可以体验闲适、体验农事、体验自然风光。

复兴乡村文明。几千年的乡村文明是与工业文明、城市文明并行不悖的一种文明形态,是人类文明的三大基本载体之一。现代的城里人,往上数三代,大多是农村人。如果没有乡村文明,工业文明就是空中楼阁,没有乡村文明,城市文明也会昙花一现。文化旅游是田园综合体的核心抓手,是复兴乡村文明的绝佳载体,并将实现城市文明和乡村文明的融合发展。

弘扬传统文化。乡村是中华优秀传统文化的源头，中国几千年积累的传统文化精华大多与农村、农业息息相关。中华文化发源于乡村，田园综合体为传承和发展我国传统农耕文化提供了契机，它可以为"艺术乡建"提供广阔的创作空间，为乡村文化提供良好的传承平台。同时，乡村治理也将能获得更多的深层次文化支撑，从而助推实现美丽田园、和谐乡村。近些年来，由于农民大量外流，乡村亲情的纽带越来越淡薄。田园综合体的建设，可以提高社区的向心力、凝聚力、归属感，重新累积生成心中的家园。

二、田园综合体的内涵及特征

田园综合体既是新田园主义理论的载体，又是新田园主义理论在中国乡村实践的产物，是集现代农业、文化旅游、田园社区为一体的田园小镇和乡村综合发展模式。田园综合体是在城乡一体化格局下，顺应农村供给侧结构改革、新型产业发展，结合农村产权制度改革，实现中国乡村现代化、新型城镇化、社会经济全面发展的一种可持续模式。田园综合体也是可以率先在一些发达城市的郊区、有资源的小城镇或美丽乡村构建的一种田园综合开发项目，能较快推动当地经济产业提升和城镇化进程。

1. 田园综合体是一种商业模式方法论

田园综合体的提出是基于一种商业模式方法论。其出发点是主张以一种可以让企业参与、带有商业模式的顶层设计、城市元素与乡村结合、多方共建的"开发"方式，创新城乡发展，形成产业变革，带来社会发展，重塑中国乡村的美丽田园、美丽小镇。

"田园综合体"这个概念借鉴了城市综合体的一些管理思想,将社会生产、商业行为和人的关联性活动等集聚在一起,形成相关主体的集结。其中包括多功能、多业态组合逻辑,移植到乡村的建设中,将现代农业、休闲旅游、社区生活纳入其中,进而形成产业的集结。"综合体"理应是跨产业、跨功能的综合规划,具体到项目当中就是多功能、多业态的综合运营。无论城市综合体还是田园综合体,跨业态的经营逻辑是共通的。

2. 田园综合体是新型经济组织模式

田园综合体是一二三产业联动的综合产品,即在有一定资源条件的城乡结合地区,将第一产业(新型的农、林、牧、渔),第二产业(特色手工业、农产品加工业)及第三产业(旅游业、商业、服务业、文化产业)的各种分散资源进行整合,统一开发、综合利用、长期管理,让各产业之间相互促进,形成复合产业链,以打造田园城乡的核心竞争力。

3. 田园综合体是生态综合规划区

田园综合体以现代农业为引导,形成农园市集、有机农场、观光农场等综合场域,为向往生态田园生活的人群提供一片乐土,最终形成农业、文旅、社区三大板块联动发展的生态综合规划区。该规划区的活动包括现代农业生产交易、乡村旅游休闲度假、田园娱乐体验及田园生态乐享居住等。

4. 田园综合体是资源整合平台

田园综合体是一个文化聚集的平台、组织的平台、开发的平台、融资的平台、管理的平台,依靠这个平台来实现新型城镇化与城乡一体化的目标。对于乡村而言，最主要的核心在于文脉，乡村文化与特色的丧失导致现在乡村的落寞。因此，田园综合体更加强调乡村文化的平台，在这个平台上许多原有的原乡文化、乡村艺术和特色手工艺能够得以焕发新生。田园综合体基于乡村的现状问题而展开研究，通过整合乡村分散的资源、建立旅游基地、综合性带动地方经济、打造乡建文化平台，最终向全社会推广这一综合性发展模式。

5. 田园综合体是理想乡村生活模型

田园综合体是可以复制的理想乡村生活模型。一方面它保护了乡村的自然生态、田园风光和农耕文化；另一方面，它进一步把城市公共服务和文明生活延伸、辐射到了乡村，以期打造充满活力的乡村新型现代社区。田园综合体的目标，是城乡共享发展。"城市和乡村必须结婚，这种愉快的结合将迸发出新的希望、新的生活、新的文明。"一个盛世乡愁的存放地，一个诗意栖居的理想地，田园综合体将留给我们无限探索的深意。

值得重视的是，尽管各地田园综合体的探索总体进展顺利，取得了初步成果，但其发展处于初级阶段，产业延伸的空间也有限。甚至出现了一些问题：有的以延伸农业产业链之名拿地，却行房地产之实，并未给"三农"带来根本利益；有的把农业企业的种养基地简单挂个牌子就叫田园综合体；有的田园综合体隔断了当地的乡土文化，搞大拆大建，或只是一种自我满足的项目表达。田园综合体是有较高条件和标准的，并不是筐，并非什么都能往里装。在笔者看来，田园综合体建设初级阶段，在认识上主要有如下三大典型误区：（1）出发点仅仅是为了拿到政府补贴，而不是真正基于现实产业和社会发展客观规律而搞田园综合体；

(2) 故步自封，不能跳出农业看农业、跳出农村看农村，不能创新产业融合、要素改革；(3) 没有认识到田园综合体是产业链长、牵涉面广、经营能力要求高的事物，没有充足的心理准备，以为田园综合体是短期乃至是投机者的投资游戏。

三、田园综合体的要素模型和实施构想

（一）田园综合体的要素模型

在笔者看来，农村地区的产业类型是非常少的，普遍来说，无非只有农业和旅游业两种。农业农村经济本质上因为集聚效应低，是弱质产业领域，所以其自身发展较慢、投入期长、风险较大，需要政府补贴。在农村，往往农业和旅游业的资本回报率都低于社会平均资金成本。而城市领域的很多产业的回报率则往往更容易高于社会平均资金成本。要构筑产业聚合体，在政府补贴和财政支持下，把要素资源充分释放，才能最大限度地实现田园综合体的健康可持续发展。田园东方正是以新田园主义为指导，以田园综合体为商业模式，以田园文旅小镇和特色田园乡村为主要项目类型。

笔者认为，田园综合体是"现代农业 + 文化旅游 + 田园社区"三位一体的综合发展模式。其经济技术原理是以企业与地方合作的方式，在乡村社会进行整体综合的规划、开发及运营。基于企业化运作的特征和为了形成一种可提炼的模式的考虑，田园综合体里的三个产业（农业、文旅、社区）应以如下思想作为指导原则。

田园综合体的产业模型和业态模型主要包括以下三方面（见图）：

第四章　新田园主义商业模式——田园综合体

田园综合体产业模型

现代农业	+	文化旅游	+	田园社区
通过公司化、规范化、科技化运作，发展现代农业产业园，推动形成产业链，带动地方原生力量，形成当地社会的基础性产业		规划打造新兴驱动型产业——文旅产业，形成生态自然型多样的旅游产品和度假产品组合		开展田园社区建设，服务原住民、新住民和游客，最终形成的是一个新的社区

田园综合体业态模型

- 现代农业：休闲农业、CSA农业、农业产业园 → 对接技术和市场，打造农业生产与休闲结合的现代农业园区，推动形成农业产业链
- 文化旅游：文化市集、田园游乐、田园度假 → 打造可持续的生态旅游度假目的地
- 田园社区 → 营造田园生活方式社区（围绕"三种人"：原住民、新住民、游客）

1. 企业化承接农业，发展现代农业，形成当地社会的基础性产业

用企业化的方式将传统农业提升为现代农业产业，避免实力较弱的小农户实施短视规划。在实践中应该做中长期产业规划，以发展农业产业园区的方式提升农业产业，尤其是发展现代农业，从而形成当地社会的基础性产业。如打造"农业产业园"+"休闲农业"+"CSA农业"，引进现代技术，管理专业农户，制定品控标准，对接市场渠道，打造农业品牌，从而带动周边农业经济。

2. 规划打造新兴驱动型产业——综合旅游业，促进社会经济较快发展

综合旅游业也可称为文旅产业，是农村社会经济发展的引擎型产业。文旅产业需打造符合自然生态型的"配套服务＋旅游产品＋度假产品"组合，组合中应考虑功能、规模及空间的配搭，此外还要加上独特的文化生活内容，以丰富的业态规划形成旅游度假目的地。文旅产业需要以自营引擎项目及联营共生业态，通过整合文旅活动体系，打造一个业态逻辑和规模合理的田园生态休闲度假项目集群。

3. 开展田园社区建设，营造新型人居环境，最终形成新型社区及社会

在基础农业产业和新兴驱动型文旅产业得以发展的情况下，当地社会经济活动必然发生较大改变，人们的生活和社会关系同样会发生相应变化，那么该地区就可以开展人居环境建设了，也就是新型城镇化的田园社区建设，为原住民、新住民、游客这三种人群营造一个和谐理想的田园社区，最终形成新型乡镇。在社区建设过程中，无论改扩建还是新建，都需要按照原有村落肌理打造。也就是说，即使"开发"也是开发一个"原本"的村子，同时需要配套管理及服务，从而构筑新的"田园共享生活方式"。这种田园社区依托原有自然风光可生长成新型田园小镇，所以在一定程度上，田园综合体最终形成的是一个新的社区、新的社会。

总体来看，目前田园综合体产业和业态模型集现代农业、文化旅游、田园社区为一体。在田园综合体中，农业生产是发展的基础，通过现代高科技种植技术的引入提升农业的附加值；文化

第四章 新田园主义商业模式——田园综合体

旅游产业依附于农业,需要与农业相结合才能呈现出具有田园特色的文旅项目;社区及相关产业的发展又依赖于农业和文化旅游产业,从而形成以田园风貌为基底并融合现代都市时尚元素的田园社区。

这里要着重说明的是,田园综合体的盈利模型。总体思路是通过自营、联营及销售业态,短中长期结合,规划项目现金流和整体盈利。自营业态包括田园度假、田园游乐、田园商业、田园活动等;联营业态包括民宿、文创、教育、演艺等;销售业态包括农产品、文创产品、分时分权度假产品、物业租售等。当然,不同区域有不同的盈利方式,田园风光区、体验产品二次消费区主要依托文旅供应链盈利,农事活动体验区主要依托农业供应链盈利,田园社区增值区主要依托物业经营供应链盈利,社区配套商业消费区主要依托配套金融、医疗、健康、教育、商业供应链盈利。

田园综合体的规划模型也很重要。在田园综合体的商业模式指导原则中,对于不同地点、不同情况下的项目,强调有一半按照模块化共性内容作安排,而另一半则应结合项目在地情况以个性化内容来发展。以无锡田园东方为例,其规划包括"一带""三核":"一带"是最美田园路,农业风光带,串联各功能区;"三核"是现代农业、文化旅游、田园社区。这样在广大的田园环境中,以交通和关联性功能业态相连,分区点块状布置各功能区块,形成点、线、面结合的规划模型。并且,这种规划模型的项目,将对周边更广的城乡地区产生辐射和影响。同时,田园综合体的指标模型也是关键。在某地的田园东方项目,基于其整体项目的定位,对整个综合体项目的规划面积、建设规模、投资总量都有明确建议。比如度假住宿这一指标,要求500间客房以上,年接待20万人次以上；旅游人次要达到年均100万人次以上；社区居住人口达到3000—5000人。

运营管理模型方面，城市综合体营建理论中的"统一规划、统一建设、统一管理、分散经营"的"三统一、一分散"原则，在田园综合体中同样适用。田园综合体做的是农业加文旅加社区的融合发展，可将其作为新型城镇化发展的一种模式，通过新型城镇化的发展带动产业、人居环境发展，使农业、文旅产业与新型城镇化得到完美统一。特别需要指出的是，"田园综合体"侧重于田园综合项目而又不同于"旅游综合体"，但与旅游产业的发展相辅相成。田园综合体不是打造一个旅游度假区，而是最终要建成供人们生产、生活于此的田园小镇，只是这个小镇具有非常丰富的旅游设施，小镇本身也有许多潜在的旅游价值。田园综合体开发成功与否最关键的是看综合体的产业是否能够带动新城镇的发展。

某种程度上看，田园综合体实现了对田园这一自然资本的三次开发和变现。第一次开发变现是依托自然和科技之力实现田园农产品变现；第二次开发变现是依托自然和创意之力实现田园文化产品和田园旅游产品变现；第三次开发变现是依托自然和田园社区建立起来的延伸产业变现。分析这一过程，不难发现，变现的层次越来越高、附加值越来越大，针对人们需求的层次也逐步从物质到精神。对于田园综合体的"三农"合作模型和农业生态生长模型，笔者将在后文专门阐述。

（二）田园综合体的实施构想

田园综合体的形态与功能设计沿用了功能混合这一主流的规划思想。田园综合体由三大形态构成，每一种形态都可以提供四大功能，各个形态和功能之间互为支持和补充，形成一种人地关系、城乡关系双重和谐的永续的乡村社区，是一种现代版本的"桃花源"。从某种运作原理上看，田园综合体与城市综合体有类似之处，就是作为形态多元、功能互补的综合体，无论是城市板块或乡村板块，必须统一规划、统一建设、统一管理。统一建设并不仅仅意味着必须由一家实施主体进行建设，更意味着各个功能只有有内在关系地同时呈现，才能产生互补，形成互相支撑的效果。

还有一个运作原理就是通过企业和地方进行合作，在乡村社会进行大范围整体的综合性整治和规划。必须以农业为基础，促进其现代化，形成产业链延伸，植入、培育、发展休闲观光、文化传承、体验养生等新型产业模式，并伴随产业发展和新型城镇化开展田园社区的建设，最终形成一个新的社会、新的社区。田园综合体既然不是打造一个旅游度假区，而是要打造一个社区或者一个小镇，或者称为新型田园小镇，就将形成包含农业生产、文化旅游、村镇建设、社区管理等综合功能的公共空间。

对企业来说，田园综合体是一项牵涉面广、关联性强的复合型产业开发模式。发展田园综合体的关键在于企业与当地政府和集体组织的协作。在精准的业态定位下相互配合，依托当地田园风光及资源优势，建立复合产业链发展并逐步形成稳健的消费市场。田园综合体开发需要一个囊括三产发展的平台主体，其对开发建设、文旅经营、农业管理具有整体控制与协调的能力。推动结构单一的农村地区的农业生产活动向综合型产业化转变，包括旅游、度假等在内的产业元素和发展架构，从而能够一站式满足项目经营的需求。

对政府来说，田园综合体是一个新型的城乡形态，由城市与乡村两种形态融合而成。它体现为乡村风貌，因而是一种崭新的城乡规划和建设实践；田园综合体又是一种以现代农业、文化旅游为基础的产业园区，起着贡献投资和税收、提供就业机会、拉动经济增长、促进农村发展的功能。从打交道的政府部门来说，田园综合体建设涉及发展改革、规划、国土、旅游、农业、园林、水利等多个政府机构，因而也是一个系统工程。

具体实现方式有：

1. 田园综合体模式是一种方法论，它可以指导乡村地区的空间规划、产业规划，因此可以指导开展基础设施建设、土地整理、新产业培育和人居环境建设。

2. 在顶层设计上，可以探索在政府引导下，与农民和集体经济组织开展包括资产股权等多层面的合作。

3. 在产业经营上，有规划、有布局地开展经济活动，其中突出搞好核心产业或业态，带动整体区域发展。

4. 随着产业发展、经济增长，就可以有条件地开展人居环境建设了。在政府、集体、居民和新型经济主体等多种社会主体共生的田园综合体中，围绕在地经济培育、在地社区营造和区域经济社会全面发展，形成乡村治理新环境。

四、田园综合体目前面临的挑战和未来发展

（一）田园综合体面临的风险和挑战

田园综合体的建设，理想状态下，应该是多赢的。即企业可以利用市场化运营和规模开发的经验，在乡村建设、乡村旅游、乡村服务上更好地提高建设效率，加速"城市反哺农村"的实

现；农业农民农村也在与企业的良性互动中获得发展。然而，在现实中，也存在一些问题和难点，影响了田园综合体建设的效益和成果，与政策的初衷和企业的初心不相符，需要逐步解决。

1. 复杂的土地产权关系和严格的建设用地审批为焦点的土地问题

企业投资是目前国内田园综合体建设的最基本形态，而企业所面临的风险、待开发的资源以及国家的政策和制度都在变化中。田园综合体建设最大的风险是农村所有的资源都是非市场化的，比如土地不能随意买卖，也不能随便改变用途。田园综合体涉及的土地利用性质和产权关系非常复杂，除了纳入城乡规划的国有建设用地，还包括农地、宅基地、集体建设用地，而这三块地在各地的具体情况又非常复杂。近几年，围绕着这三块地国家出台了很多指导文件，并在各地开展了改革试点，也在酝酿出台新的土地管理法。打造田园综合体与建设用地等土地利用密不可分，也是很多建设者的关注焦点，可以说，解决土地问题是建设田园综合体成功的前提。

通过分析不难发现，田园综合体建设中可能面临的利益冲突或风险较多。比如，企业、农户、政府之间可能在农地或集体用地租赁合同执行过程中产生纠纷，或者农户对划入规划范围的待征拆土地的利用性质、补偿标准等向政府、企业提出异议，阻碍田园综合体的持续实施和运营；再如，租赁用地的租期到期后土地利用性质存在不确定性，农民在综合体发展壮大后对于当初约定的租金或补偿的不满足；等等。

笔者认为，一方面，田园综合体能否顺利落地，政府是第一关。田园综合体建设首先需要地方政府积极支持和解决土地问题。因此,企业在推介田园综合体时,要考虑地方政府面对的竞争性项目选择,有的放矢,抓住地方需求,突出重点的形态和功能,把扶持性产业政策用足,并及时听取政府反馈的意见,策略性地调整定位。另一方面,田园综合体坚持以农为本,以保护耕地为前提,通过公司化、规范化、科技化运作,发展现代农业产业园,形成当地社会的基础性产业,着力构建企业、合作社和农民的利益联结机制,带动农民持续稳定增收,让农民分享田园综合体发展的成果。

2. 产业驱动匮乏与农民就业增收的问题

田园综合体的创新实践有效地把城市、农村、农业、新产业四方的发展糅合到了一起,对发展宜居宜业村镇具有很强的借鉴意义。但随着建设的推进,田园综合体也会暴露出产业单一、技术短缺、带动能力有限等问题。

产业发展较为单一。田园综合体需要大量建设资金和前期投入成本。纵观国内的不少田园综合体建设案例,由于此前国内缺少类似的探索,消费者不成熟,且建设还处在进行中,使得综合体的产业发展尽管已经有了相当的成绩,依然未达到理想的最佳状态,相关配套和软件服务水平还有待持续提高。一些地方的田园综合体始终还是以传统农业为主导产业。而农业技术面广量大,需要雄厚的产业技术作为支撑。比如涉及农产品种植、加工等多个领域时,大规模的农田和水面,需要大量的相关农业技术和从业人员,这需要借助外部力量共同开发,这给此前农业积累不够的一些企业造成了困难。

产业带动能力不够。目前,在很多地方的田园综合体,当地农民只能通过打工的方式来园区工作,并不能更多分享综合体一、

第四章　新田园主义商业模式——田园综合体

二、三产业融合发展带来的价值链收益。环境的改造能带来休闲旅游的发展，但综合体对周边农业、农村主导产业带动有限，只能作为产业间歇期的有效补充。地方政府除了考虑 GDP 和税收外，还对带动农民增收致富、就业、创业有考核。随着田园综合体项目中集体经营性建设土地入市、承包地流转以及住宅的集体安置等工作的推进，农民除了在土地等方面的资产型收入之外，还需要新的就业、创业机会。

对此，笔者认为，综合体理应是跨产业、跨功能的综合规划，具体到项目当中就是多功能、多业态的综合运营，这就要求项目的运营方能够深入挖掘当地的各种资源。田园综合体规划以文旅产业为驱动产业，形成生态自然型多样的旅游产品和高品质的度假产品组合，利用"旅游+""生态+"等模式，推进农业产业与旅游、教育、文化、康养等产业深度融合；吸引大量的城市人群消费，加速城乡互动，从而解决农民就业与可持续增收问题。

3. 城乡融合发展中的城乡人口文化生活差距

土地是华夏文明的根本。做田园综合体，是为了让人们看到土地本身的价值，激活农村沉睡资产。让广大的乡村能在保有原有风貌的基础上，和现代都市文明交融辉映；让那些因为渴望美好生活而背井离乡的孩子能回到自己熟悉的土地上，并且能同享不亚于城市的现代文明。田园综合体不是简单的农家乐或者农村旅游，而是一种承载着土地之情的新型乡镇文化。"既要保证乡村纯朴原貌，又要改变人们对乡下的不佳印象"，是田园综合体项目建设的使命。

对于城乡融合发展过程中出现的城乡人口文化生活差异问

题,例如,原住民和新住民出于自身生产生活需要的安排,还可能会和保持统一乡村风貌的管理需要发生冲突。对此,笔者认为,田园综合体开展田园社区建设,是要服务原住民、新住民和游客,并最终形成一个新的社区、新的小镇。田园综合体项目要特别注重打造文化生活业态,在保留原乡文化乡愁的同时,注入现代文化元素,这样才能有效提升原住民、新住民和游客的文化生活水平。

以无锡田园东方为例,项目特别注重打造文化生活业态,例如田园大讲堂、田园生活馆、拾房书院、拾房市集、拾房手作、拾房咖啡等,并定期举行田园音乐节、拾房夜话、田园大篷车等丰富多彩的文化活动,保留原乡文化乡愁的同时,注入现代文化元素,从而有效提升了原住民、新住民和游客的文化生活水平,为新型城镇化的社区人文和谐发展保驾护航。

(二) 田园综合体的发展路径

田园综合体的打造是一个系统工程,也是一个环环相扣、互相协同的模式。目前国家经济社会发展对这种运作模式有很大的需求,也凸显了对这方面商业模式分析、产业链整合、运作方式研究等顶层架构设计的匮乏和稀缺。笔者以下将从六个方面进行分析,希望能促使国内田园综合体的探索。

1. 规划先行,营造纯正乡村风貌和田园之美

2014 年 2 月,习近平总书记考察北京时指出:"规划科学是最大的效益,规划失误是最大的浪费,规划折腾是最大的忌讳。"田园综合体建设也是一样,必须坚持规划先导、规划引领、规划管控。一方面,通过规划来确定田园综合体的功能定位、风貌特

征和实际内涵等，做出一个好的顶层设计和建设大纲；另一方面，把规划控制在一定的尺度范围内，对建什么、怎么建、建到什么程度等，都有一个合理的界定和限制。

田园综合体展现的应当是田园之美，这是建设田园综合体始终不能偏离的方向。要通过科学合理的规划设计、景观改造、文化植入和设施完善等，让田园的地貌、形态、肌理等得以更好地提升和展示，根本上要留住田园的山、水和乡愁。要坚决防止大拆大建的所谓"宏大叙事"，更不能借机搞变相的房地产开发，毁了田园的原汁原味之美。也就是说，可以让少量的钢筋水泥隐没在美丽的田园之中，而不能让大量的钢筋水泥包围了美丽的田园。一句话，在好的规划指引下，才能建出一个好的田园综合体。

田园综合体建设需要立足于不同的农村实际，原住民和新住民对美好生活的向往，有着自身特有的内容。综合体建设当然要借鉴城市建设和管理的成功做法，但更应该充分考虑农民的情感需求和文化需求，保留和体现乡土特色。长期以来，在农村生活中有许多渗透于建筑细节和乡村肌理的内容。乡村本身是一个社区单元，也是社会文化的大舞台。建设田园综合体，就要留住这种蕴含着精神文化的东西。

2. 项目选址宜优选区域，不宜降格以求

田园综合体要整合多种要素，面向细分市场，不是什么地方都可以建设大规模田园综合体的，这存在条件适应性的问题。如果不讲条件、随意建设，必然导致杂乱无序、低质无效。所以，在一定的乡村区域范围内建设田园综合体，应进行科学、合理、优化的选址，使田园综合体真正建在最适应的地方。

这种适应，就是要从供给适应需求的角度出发，从供给侧做文章,选择那些"得天独厚"的地方建设田园综合体,既最大限度发挥所在区域的比较优势,也最大限度吸引消费者前来消费。田园综合体是不可移动的产品,它产出的是体验和服务,其成功的核心是人气。也就是需要游客从市区到农村,这属于人口空间移动的范畴,国外称之为空间交互,影响人口流动的因素,主要包括距离、交通、资金成本和时间成本。

应当承认,田园综合体的区位选择相当苛刻。具体而言,田园综合体的选址条件可从以下四个方面进行考量:一是地理区位,包括交通便利程度、周边重大城市布局及其发展。要求有具有足够消费力的大都市作为客源地,因此只能布局在一二线城市的远郊区,或者选址在区域知名甚至全国知名的地区。二是旅游资源,不仅要求有风景优美的自然背景,山、水、村落的组合还需要丰富,具有可塑性,还应包括文化、生态、历史等多方位的资源。三是产业资源和经济基础,要考虑当地有哪些农业特色产业,相关产业发展水平如何,当地的地形、土壤和水源条件是否适合建设大型的现代农业产业基地以及发展新产业。四是当地政府的支持程度和民风问题,需要地方政府积极性高,在用地保障、财政扶持、金融服务、科技创新应用、人才支撑等方面有明确举措,民风务实淳朴。

3. 充分理解政策核心意义,创新土地流转模式

2017年中央一号文件提出,"支持有条件的乡村建设以农民合作社为主要载体,让农民充分参与和受益,集循环农业、创意农业、农事体验于一体的田园综合体"。换句话说,田园综合体的主要角色是当地农民,而且主要产业是农业,并且是大农业、综合农业,农村一二三产业联动融合发展。

2018年中央一号文件在土地方面有了创新。文件提出，在符合土地利用总体规划前提下，允许县级政府通过村土地利用规划，调整优化村庄用地布局，有效利用农村零星分散的存量建设用地；预留部分规划建设用地指标用于单独选址的农业设施和休闲旅游设施等建设。对利用收储农村闲置建设用地发展农村新产业新业态的，给予新增建设用地指标奖励。同时进一步完善设施农用地政策。

笔者认为，这一政策的核心意义是帮助提升乡村商业价值，更好地带动新农村的建设发展。有关企业和社会资本必须充分理解这一点，不能以延长农业产业链的形式来变相违规开发房地产，忽视农民的切身利益。开发企业需要在土地获取或土地流转模式上进行创新。当然，政策对于发展田园综合体的用地是鼓励的，也给地方政策开了口子。因此，在用地方面，就有很多途径可以考虑，比如盘活农村闲置房屋、集体建设用地、通过土地整理开展城乡建设用地增减挂钩试点、"四荒地"、可用林场和水面等。当然，这里可能涉及非农建设用地问题，就必须符合土地利用规划和相关的审批程序。

4. 面对同质竞争较为激烈和严重的现状，从自然和人文两方面彰显特色

近年来，充满田园风情的乡村游，正成为旅游市场的一个新增长点。然而，乡村旅游在发展过程中，也暴露出同质化竞争、低层次商业化开发、卫生环境差等许多问题。究其原因：一是从产业到产品缺乏系统科学的规划，产品创新性和差异性不足。例如，农业产业的同质化问题，主要表现在：规划精准度不够，随意性发展；区域分工不明晰，产业链条短；农产品品牌效益差，

市场销售半径窄等。二是发展乡村旅游的投资主体单一、点散面窄，未能吸引更多的社会资金或有经济实力的企业参与开发和建设。

不同的田园综合体，应该有不同的特色。目前，有的地方田园综合体发展尚处于探索起步阶段，而有的试点已经处于提档升级阶段。只有彰显特色的田园综合体，才能符合有效供给的方向，达到吸引人的可持续目的。

笔者认为，对于特色的设计和打造，可以从自然和人文两个方面入手：自然方面，由于北方地带难于塑造冬季的景观，而南方地带植物生长普遍比较茂盛，乡土景观的"遍在性"较强，项目要突出景观的特色或"可识别性"也不容易。为此，应以原汁原味为基本原则，展现一方水土的自然天成和天生丽质，让人看出人无我有的独特性。人文方面，应将地方物质遗存、非物质文化遗产、民俗文化、传说故事等元素进行有效植入，让人同样感受到人有我优的独特性。各具特色的宅院村落，充满乡土气息的节庆活动，丰富多彩的民间艺术，诚信重礼的乡风民俗……这些既是人们心间挥之不去的乡愁，又共同构成各地独有的乡村文化。这种自然与人文浑然一体的田园综合体，必然是令人心驰神往、流连忘返的地方。

5. 力求"农业、文旅、社区"三者平衡，共同促进

应当指出，目前进入乡村建设的多为房地产开发和工程建设企业，面临融资和运营两道难题。由于农业是短期利润相对较少的产业，开发企业在打造田园综合体的过程中还需要强大的资金、资源等多重支持。涵盖乡村建设的开发、配套设施建设、基础建设、公共服务设施、产业导入等各个环节的融资，影响开发

企业参与乡村建设的稳定性和持续性，这主要体现在现金流的稳定程度上。而从运营方面来看，虽然不少开发企业有着丰富的文旅地产、商业综合体运营经验，但是乡村运营和城市运营存在着极大的差异性，尤其是农业产业本身就极具挑战性。中国的田园综合体今后还是要通过不断的研究和实际探索，来进一步发展和完善。

最后，有一点要特别注意，无论具体模式和规划如何，田园综合体的谋划和建设都要恪守底线思维。一是田园综合体建设切忌走向单纯的旅游开发、变相的房地产开发，偏离农业农村主线。二是牢固树立守住绿水青山的底线思维。农村的一个天职是保护农产品供给，另一个天职是生态环境建设和保护功能。田园综合体建设的规划和项目都要首先考虑生态环境建设和资源永续发展。三是牢固树立守住农民最终保障的底线思维。田园综合体必须把农民作为受益主体，把农民专业合作社作为项目承载主体，让农民分享发展红利。要因地制宜地谋划利益分配机制，优化土地资源配置，让农民分享产业收益。

第五章

综合体思维和"三农"生态生长模型

园综合体是综合体思维应用于"三农"环境的产物,也是成功的商业模式背后的思维范式。

一、综合体思维

1. 综合体需要天时地利

作为一个新事物,"田园综合体"这个词,是笔者借鉴了"城市综合体"概念的提出的。城市综合体是以建筑群为载体,融合商业零售、商务办公、酒店餐饮、公寓住宅、综合娱乐、交通配套等多种功能于一体的城市经济聚集体。相对于单一功能的商业体而言,其在各部分间建立了一种相互依存、相互助益的能动关系,从而形成一个多功能、高效率的经济实体。

在看待一个成功的综合体项目时,我们看见的是什么呢?是其中多彩的商品,还是一站式的集成呢?综合体思维,就是要做这样一种构建,基于资源和营销,贯通定位和产品,将业态一层层建立联系和组合,构建一个有机融汇的生态场。综合体思维,既要看见树,也要看见森林!

无论城市综合体还是田园综合体,其建设和运营都需要综合体思维,这是一种系统的方法论。综合体不是从天而降的,一个地方不是一夜之间就长满了商场、酒店、住宅等等。综合体的打造需要天时地利，要遵循经济规律和市场法则，需要很多内外部的资源和营造。

从外部看，我们可以把一座城市看作一个综合体。城市这样的综合体是怎样发展起来的呢？通常有两点，地缘优势和城市营销。这里说的城市营销包括了定位、策划、营销。例如，上海浦东新区起源于外高桥，当年获得了特许经营的权利，从而在这里开启了浦东的发展，紧接着，陆家嘴金融中心、张江高科、洋山港、金桥居住区等协同发展，逐步形成了浦东新区的雏形。如今，上海浦东已经成为国际金融文化中心。可见，一个地方之所以火，不是一个点火，而是逐步的所有元素都火，这就是综合体。新加坡也是个很好的例证。

从内部看，作为一种商业模式，综合体的内部因素营造也很重要。一个综合体内部有不同的产品，这些产品对应着各自的客户，这些产品之间是共存、互生、相托的关系。有了这些关系，产品就会构成一个生态，生态里每一个经营活动的形态则是业态。生态会产生场，场会产生能量。附着在产品上的业态形成聚落从而汇成生态，生态中涵盖着不同业态的产品。

怎样形成生态呢？生态的养成需要产品力、运营力、管理力、销售力及背后的模式力、团队力等，缺一不可。所以，经营一个业态容易，而经营一个生态，就需要更复杂的能力组合。要构建一个综合体，就需要站在格局之上的定位、策划、营销。我们把定位工作分为三个层级：概念定位、价值定位、业态定位。

人们认识事物时，首先会形成一个概念，然后再逐步深入。人们看待商品时也是一样的道理。首先是概念，然后是价值，最后才是业态；前面看了有兴趣，才会向下看；就是说，人们总是先从概念认知入手，进一步认识这个商品有何价值，最后才是具体业态。在商品极度丰富、消费升级的时代，概念变得特别重要。因为，概念满足了客户内心的渴望，可以帮助客户快速认知商品。

定位工作最首要的，就是策划出这个"概念"。举个例子，"中关村"，过去是个地名，但今天已经成了"高新科技产业和人才基地"的强硬的"概念"，当一个地方被定位为"无锡中关村"时，人们已经大概知道那是一个什么样的地方了。这就是强硬概念的作用。当客户对概念有了认知，他就要开始对商品的价值进行了解和判断，价值也是定位而来的。

再谈价值定位，我们要做的每个商品（项目）与市场上同类商品一样有各种价值因素，而进行价值定位，就是在众多组成要素中，把其中一些放大、做极致，其余的淡化甚至放弃。而做到极致的要素，最终会带动我们策划的商品（项目）呈现出很好的价值。

笔者要指出的是，业态是可以设定的，业态要立得住，首先必须靠产品力。而业态与业态之间，需要形成一种交融的关系，在不同的空间和时间里，业态之间的关系应该是不同的关系。如果关系不对，环境就会发生变化，就不能形成生态，或者生态不对，那样的话业态会经营不下去。所以生态比业态重要！

2."一心两轴五区"工作法

"一心两轴五区"工作法是一个被实践证明行之有效的工作方法。比如杭州的良渚文化村项目，以良渚文化为中心，以社区生活配套和社区文化配套为轴，分为商业区、旅游区、文化区、住宅区（多组团）、公寓区等；再比如万达广场，以一站式繁华都市商业生活为中心,以合理配搭的丰富业态和有人气的公共活动空间为轴,分为百货区、超市区、配套区、娱乐区、餐饮区等。

这种工作方法可以让价值定位覆盖在业态定位之上,并率先清晰地描绘出来,通过这样的思考工具,我们就能比较方便地把价值定位向业态定位方面有组织地延展,并且让这些延展出来的业态共存、互生、相托,形成生态。明白了轻重缓急,布局了分区业态,后面就是要具体地做产品化了。

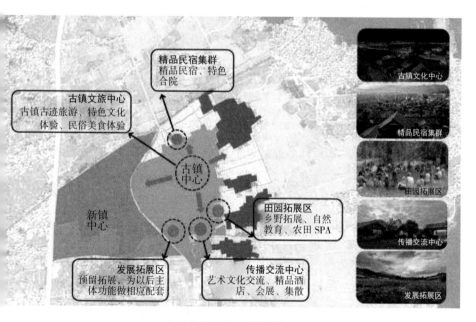

乡见设计某古镇规划图

在一个形成生态的业态组合里,附着业态的商品(产品)分为引流品和盈利品两类。例如,深圳中心书城,那个很大的书店并不盈利,但是因为这个书店的存在,很多人就愿意来这个地方,于是周边的零售店、餐饮店的生意就超级好。再作一下深入细致的观察,即使是在这个书店内部,也是在中央放置着标志性的出版物,而走量销售的书籍,都在它的两侧,这些标志性文化书籍，就是周边走量盈利的生活类书籍的"引流品"。引流品和盈利品的有机组合，也在商品这个层面，形成了"生态"。

前文说过，在一个良好生态的"场域"里，会充满能量，充满"共存、互生、相托"。所以在一个好的综合体里，往往各个业态之间能互相促进，形成"1 + 1 + 1 > 3"的良好局面。并且，在一个成功的综合体里，生态之间的孵化、转化应景而生，创造出无限的可能性。所以我们经常说，一个成功的综合体就会是一个能不断发现矿藏的"金矿"。

一个持续成功的综合体，还在于对综合体与时俱进地、持续地、刚性与柔性兼具地维护运营。无锡阳山田园东方中各项元素的定位也遵循以上方法，我们重点把田园风光、田园生活、社区营造、客户体验、亲子业态等做到极致，其他元素维持在平均水平就好了。最终通过这些长板的特别打造，带来整体园区的鲜明价值。

二、田园综合体的结构化原则

1. 商业模式问题

田园综合体要永续发展必须在商业模式上实现突破。实现商业模式才能实现可持续；商业模式需兼顾政府、集体、农民、企业、金融机构、消费者六方利益；商业模式成立的基础需考虑社会平均经济成本且多方受益；从而商业模式背后需要要素改革和治理改革；商业模式需体系化解决农业、农民与农村问题，需要实现社会经济全面发展。田园综合体兼顾了利益相关者需要，因而具有商业和社会的双重可持续性。

受北京大学国发院提出的新结构经济学启发,笔者重点作了如下思考。中国城乡差距非常大,乡村地区的发展路径中,一方面需要政府补贴扶持,例如基础设施和一些长效产业如农业;另一方面需要设计产业政策激发要素资源,形成供给侧改革,例如创意农业、观光旅游、度假产业开发等。新结构经济学的思考,原是基于发展中国家或地区经济体的双轨制设计,这种设计既强调"有为的政府",又强调"有效的市场",也就是说产业政策的制定,要能够激发潜在的市场。中国农村社会在城乡经济格局中,似乎可以尝试借用这样的视角来看待。

"有效的市场",调动起各类资本、技术、人才投入乡村一二三产业发展的热情,侧重指商业可持续性,对企业而言,田园综合体模式首先是一种商业模式,需要持续盈利,资金流量需要平衡,且能支持多项目的复制。普通休闲农场和景观农业,要么只是拓展观光活动,在主导产业之外补充额外收入,因而无法满足游客深度体验的要求,要么靠季节性的门票收入支撑运营,产业基础脆弱,而田园综合体模式既有牢固的、可持续盈利的产业基础,又可满足游客较高的多样化的需求。

"有为的政府",需要政府对三农的重点投入和补贴扶持,侧重指社会可持续性,田园综合体是一种社会全域发展模式,是融合城乡居民的和谐社区,居民与业主、业主与游客、业主与农户之间和谐共生;田园综合体不是城市在乡村地区的"飞地",保障了农户利益和农村风貌,促进了农村发展,把农户利益与田园综合体的兴衰结为一体,避免了企业与农户之间持续的纠纷和城乡对立。可见,其具有很大的公共性,政府的补贴和投入是应有之义。

从我国现实来看,一些地方的农村很难发展,需要焕发基层丰富的创造力,形成大众创业万众创新的局面,同时也更需要顶层设计和政策战略形成结构性框架,两种局面交织前行。如果一味强调基层创新,寄希望于地方创生,则可能失去顶层设计、宏观战略,形不成解决"国家级"问题的力量;如果只强调政策带来强大的社会资源动员能力,仍存在种种权威制度带来的粗放后果,尤其在技术进步、意识形态多元的现代社会,更难形成和谐有机的"生态型"力量。

基于以上,笔者认为,田园综合体建设要通过发展模式和利益联结机制创新,不仅仅促进多种资源有效聚集,而且要推动发展效益共享化,并构建起多方持续性共赢的格局,从而有效规避发展中多方主体之间的利益冲突。

具体来说:从政府来看,不仅通过农村集体经营性建设用地入市的制度设计,形成了规范化收取土地增值收益调节金的制度安排,分享了农村集体经营性建设用地入市收益,而且激活了农村资源要素,促进农村整体发展环境优化。

从村组来看,村组建立农村集体土地股份合作,参与综合体的生产与建设,实现村企互动经营、融合发展,促进企业增效和农民多元化增收。

从农民来看,通过宅基地综合整理,水电气信配套完善,公共服务一应俱全,农户居住条件得以根本改善。

2."三统一、一分散"原则

应当说,田园综合体是一种建立在各地实践探索雏形基础之上的新生事物,没有统一的建设模式,也没有一个固定的规划设计,社会各界对田园综合体模式的理解存在不同之处,已建成的田园综合体也多种多样。

尽管田园综合体建设的模式多元，但综合体思维中的"三统一、一分散"原则却具有普适性。对企业来说，田园综合体其实是要打造出产业复合体和空间复合体的组合。组合的过程中需要特别考虑业态和功能的搭配、规模之间的搭配以及空间形态上的搭配。还要有丰富的生活内容，以丰富的业态规划来实现旅游加度假的目的。因此，社区、生活环境与运营环境的营造比建筑物和空间环境更加重要。

田园综合体的逻辑到底是什么？中央文件提出"田园综合体"，就是为了不限于就农业谈农业、就"三农"谈"三农"，力图从突破中找到发展的答案。这种"统一规划、统一建设、统一管理、分散经营"的思想，似乎与新结构经济学有异曲同工之妙。

那到底田园综合体适宜综合到什么程度呢？在田园综合体面对的产业培育和社区开发中，不能让过去经济发展多年依赖且地方政府和地方经济社会暂时离不了的"房地产"成为综合进来的主角。其实不是不能，而是因为在农村这个脆弱的地方，很难把控！

田园综合体作为一种农村经济的新型发展方式，在投资建设的过程中，需要明确投资和融资的机制，如何融资、如何投资都是规划环节中需要着重考虑的部分。要确保资金切实地用到田园综合体的建设上去。同时也要设计好盈利模式，以便滚动发展。需要指出的是，田园综合体不能以房地产为核心，否则开发商通过房地产的小部分利润补贴农业的亏空，从而获取廉价的住宅用地，房地产项目销售完成之后，开发商便无后续建设的动力，也难以长期维护一个精品项目的可持续性。如此，农业和旅游业就变成了噱头，最后不了了之。

在乡村地区，在产业培育方面，可以包含农业以及在乡村社会里比传统农业有增长优势、低生态影响的产业，例如旅游度假产业。同时，不能采纳冲击既有利益格局，或者对未来社会埋下又一轮不平衡的资源错配型政策安排的产业，例如房地产业。所以，这个时代要求我们再难也要在中间找条路，实践出一个新形态。

真正意义上的田园综合体，需要"农业、文旅、社区"各个板块相互促进和支持，而不是仅仅考虑用地产盈利去贴补其他两块。农业作为核心产业，需要为旅游的发展提供条件和创意，也可以通过农业及新兴产业的发展催生新型社区的建设。旅游产业一方面可以充分开发当地的特色资源，促进相关产业的发展，另一方面又可以为当地增加知名度和高附加值的旅游收入。社区建设也需要农业的发展、农民生活水平的提高，以及旅游业的发展来推动，在规划好的基础上，合理安排农业用地、旅游景点、新型社区。三者结合，共同促进，才能发展出良性的、可持续的田园综合体。如果企业涉足乡村不以产业为前提，这既不是政府愿意看到的，"地产化"也会加速乡村产业空心化。

要营造纯正乡村风貌，就需要在广大地域内实施统一规划、统一建设、统一管理，倾注心血营造细节，又要分散经营，保护好乡土味，不要让游客感觉到矫揉造作，避免在开发建设过程中出现城市化现象。具体体现在：（1）在地域内展现丰富的、协调的元素，包括苗圃、农田、乡间道路、建筑、人、植物、动物、自然背景，视野所及，一切皆景；（2）度假社区"大分散、小集中"的带状组团布局和周边缓冲景观带的使用，让度假者感觉居住在乡村，而不是居住在小区，且让度假设施本身成为乡土景观的一部分；（3）修饰乡村景观固有的弱点，防止出现不协调的元素，平衡深度体验对可达性、安全性的要求和风貌管理的要求。

为此，就要求在田园综合体项目的经营上不断推陈出新，将创意休闲农业融入项目的开发，实现基础设施与服务水平的不断提高，满足游客休闲度假的需求，提高田园综合体项目的美誉度以及游客的满意度，完善田园综合体项目本身的经营，比如亲子农业、养生健康、养老文化等。同时，还要依靠高质量的农业休闲旅游及度假社区来打造自身品牌，重视品牌的价值。在成功塑造品牌后，不断延长品牌的产品线，让品牌的影响不断扩大，从而实现品牌的全面盈利。此外，还可以积极与周边项目及景点合作，推行联票制度以及会员优惠制度，共享客源，实现互惠互利。

三、综合体的"三农"生态生长模型

在分析"三农"生态生长模型前，有必要厘清两个概念。为什么一号文件中的叫法是"田园综合体"而不是"农业综合体"，又为何是"乡村振兴战略"而不是"农村振兴战略"？笔者认为，可以用"点、线、面、体"的思维逻辑来分析一下。农业是个点，农村经济发展是个线，"三农"社会发展是个面，国家城乡经济完整体系是"体"。田园，除了可以理解成乡村场域，还可以是一种风格和状态，意味着美好生活的载体。由此来看，田园综合体，也意味着不要拘泥于传统农业，而是基于农业的美好产业；在符合条件的情况下，还可以不要局限于农业，而可以是综合型产业；在开展模式上，也可不限制在农业行为上，而是规划、投资、开发、运营的复合行为；在视角上，不是固守一方农村，而是认为乡村是城乡平等、城乡融合的人民的美好家园。

在当前的一定时期，解决农业问题要跳出农业来看，解决

"三农"问题要跳出"三农"来看。我们面对"农业怎么办"这个问题,在当前城乡二元结构下,只瞅着"农业"这两个字,是解决不了的。我们还需要看见农业背后的土地、土地上面的人、人需要的生活、生活背景的"三农"社会、"三农"社会需要的经济发展、经济发展需要的产业路径、产业发展需要的要素资源、要素资源需要的政策、政策带来的城乡融合资源、各种资源调配需要商业模式,以及商业模式需要一揽子考虑农民、集体、政府、企业、消费者和金融机构的多方利益,并且让这些在协同中携手实施。

由此来看,田园表达了对自然的尊重、对文化的追求、对生活的寄托、对人民的热爱。所以中央文件提出"田园综合体"的概念,而不是"乡村综合体""农村综合体",不是更有局限的"农业综合体",才能真正表达我们视之为国家级和社会全面发展层级问题的内涵。

(一)中央一号文件视角下的乡村振兴可操作样本

2018年2月,最新的中央一号文件提出实施乡村振兴战略。要坚持农业农村优先发展,按照产业兴旺、生态宜居、乡风文明、治理有效、生活富裕的总要求,建立健全城乡融合发展体制机制和政策体系,加快推进农业农村现代化。在路径上,田园综合体应成为乡村振兴的可操作样本。

乡村的振兴,需要更多新业态、新模式、新运营的加入,而田园综合体模式集现代农业、文化旅游、田园社区等要素为一体,与之不谋而合,是值得积极探索的一个操作样本。对照田园综合体建设的火热实践,"产业兴旺、生态宜居、乡风文明、治理有效、生活富裕"的20字总要求得到了生动体现,受到了地方政府的持续关注。

现代农业是田园综合体模式中最重要、最基础的产业,如果田园综合体中没有现代农业,那么这样的"田园综合体"就只是某种意义上的"农家乐"。田园东方通过成立农业公司,用企业化思维与农村合作社、农业生产企业、农业服务企业、农户、职业农民多层级合作,建设以现代农业产业园为代表的各类农业形态,切实提高项目地农业中单位面积作物科技效益、产出效率、市场效率,保障农业组织和农民在农业方面取得更好收益。

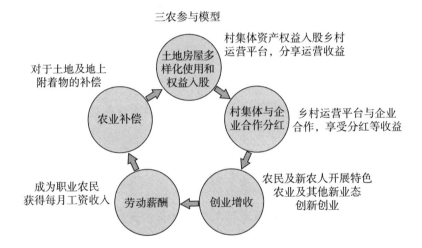

这些现代农业不同类型的表现,首先保证了农产品的产出,与十九大报告一再强调的"确保国家粮食安全,把中国人的饭碗牢牢端在自己手中"的精神吻合;其次不同形态的现代农业类型,可以让农民根据自己可使用土地的面积和性状自由选择与项目的合作方式,为农民拓宽收入途径和增加收入提供了可能。

与之呼应的是,田园综合体模式在构建现代农业产业体系、生产体系、经营体系,完善农业支持保护制度,发展多种形式适度规模经营,培育新型农业经营主体,健全农业社会化服务体系中发挥了不可替代的积极作用，实现了小农户和现代农业发展的有机衔接。

2018年中央一号文件提出要建立健全城乡融合发展体制机制和政策体系。大力发展乡村旅游，是实现城乡融合、促进生产要素在城乡之间自由流动的有效方式。中央一号文件明确，农民第二轮土地承包到期后再延长三十年。政策层面的新举措，对田园综合体模式中的文化旅游产业来说，是一个重大利好，也给流转土地的农民和承包土地的企业吃了一颗定心丸。稳定的土地使用权的保障，可以让企业有更多的施展空间。

土地承包年限延长，在土地上可以做更多更长远收益的休闲旅游项目，地面的经营价值相应增长。对企业来说，可以大胆进行一些长效休闲度假项目建设，摒弃短视和急功近利的做法，从而取得更大的收益。从农民角度，流转土地年限的增加，最直接的是可以增加土地承包费用的收入，远期来说，因为经营收入的增加，农民也将获得更多红利。这无疑增加了农民对田园综合体落地的支持度。

（二）田园综合体"三农"发展的要素

田园综合体作为一种新的乡村振兴发展模式，必然有自身的鲜明特征。明确了特征才能更好地构建起模型。田园综合体的特征，可以从不同的视角去分析把握。具体而言，主要有以下几点：

1. 以"乡村振兴"为目标

在当下的中国，城市化和工业化的过程就是乡村年轻人大量流出的过程和老龄化的过程、放弃耕作的过程和农业衰退的过程，以及乡村社会功能退化的过程。田园综合体以乡村复兴和再造为目标,通过吸引各种资源与凝聚人心,给那些日渐萧条的乡村注入新的活力,重新激活价值、信仰、灵感和认同的归属。

开展田园综合体建设要挖掘乡村多种功能和价值,统筹谋划经济建设、文化建设、社会建设和生态文明建设,注重整体性,协调推进。要坚持以农为本,以保护耕地为前提,提升农业综合生产能力。要保持农村田园风光,保护好绿水青山,实现生态可持续。要确保农民参与和受益,带动农民持续稳定增收,让农民充分分享发展成果,更有获得感。让人们从中感到农业是充满希望的现代产业,农民是令人羡慕的体面职业,农村是宜居宜业的美好家园。

2. 以"融"为关键

田园综合体最基本的特征,在于一个"融"字,就是产业融合、城乡融合、新老融合。主要表现在:农村一产与三产的融合,形成观光农业、休闲农业、农事体验等农村经济发展的新业态;现代城市文明与传统乡村文明的融合,形成城乡融合发展的新局面;现代农业与艺术、文化、商业、金融的融合,形成农村发展的新消费;原住民与新居民的融合,形成多元互动的新社区。正是多方面的融合发展,使田园综合体成为美丽乡村的高级形态。

3. 以"产"为基础

田园综合体最本质的特征,在于一个"农"字,就是以农业为产业基础,以农民为建设主体,以农村为广阔天地。将农业生产与乡村本土文化结合起来,充分利用乡村的特有景观,扩展观光旅游的外延,例如农田景观、自然生态、环境资源,将原有的乡村旅游打造成一种新型的旅游综合体，聚集乡村资源，扩大增值效益。在实践中，要保护好农民的就业创业、产业发展等方面的权益，使农民全程参与田园综合体建设过程，强化企业、合作社和农民之间的产业协同。

4. 以"游"为驱动

乡村旅游已成为当今世界性的潮流，田园综合体顺应这股大潮而生。旅游业可作为驱动性的产业选择，带动乡村社会经济的发展，一定程度上弥合城乡之间的差距。看似匮乏实则丰富的乡村旅游资源需要匠心独运的开发。无锡田园东方蜜桃村的实践说明，一段溪流、一座断桥、一棵古树、一处老宅、一块残碑都有诉说不尽的故事。城市生活的压力剧增，亲近自然，领略山水之美、自然之美成为人们的重点选择度假目标。田园综合体将农业生产、农耕文化和农家生活变成商品出售，让城市居民身临其境体验农业、农事，满足愉悦身心的需求，形成新业态。

5. 以"文"为灵魂

没有文化的田园综合体必然会迷失，最终失去生命力。这里的文化，主要指源远流长且富有地域特色和民族特色的农耕文化。在笔者看来，田园综合体建设必须充分挖掘本乡本土带着泥土味的农耕文化底蕴，把它融入每个环节，使之传承和发扬开来，让人记住乡愁。田园综合体要把当地世代形成的风土民情、乡规民约、民俗演艺等发掘出来，让人们可以体验农耕活动和乡村生活的苦乐，还原一个"原本"的乡村味道。

6. 以"人"为根本

如果缺乏现代化的交通、通信、物流、信息流，一个地方的人们就无法实现与外部世界的联系沟通，乡村因偏僻的地理位置被阻隔世外，就无法与外部更广阔的地域结合在一起，形成一个对外开放的经济空间。田园综合体建设要以人为本，借鉴城市社区建设经验，创新管理机制，开展丰富的公共活动，促进原住民、新住民等和谐共处，建设城乡一体化的新型社区，把人气聚起来，人的体验决定了田园综合体能发展到多远。

总之，田园综合体不仅是"安放乡愁"的载体，也是医治"乡村病"的良方。作为乡村振兴战略的一个支点，田园综合体是一个值得开拓探索、需要大力实践、具有广阔发展前景的乡村振兴模式。它将推动农业发展方式、农民增收方式、农村生活方式、乡村治理方式的深刻变化，全面提升农业综合效益和竞争力，从而促进乡村发展取得历史性成就、实现历史性巨变。

(三)"以农为本"的多个维度

中央文件说"田园综合体要以农为本"，这个"农"字也指农业，抑或泛指"三农"。除了要面对农业，我们在各地乡村发展项目的实践中，涉及的事项还有基础设施、土地整理、产业培育、新老社区开发与建设，是一系列的问题。

笔者之前写过一篇文章《农业的根本出路在于?》，层层剖析"三农"社会发展中面对的一系列问题。

农业的根本出路在于效率。我们试着从以下几个维度来剖析：

第一条线是农业。农业需要规模化、长期性、现代化；于是需要土地流转与合并、土地使用权长期化，从而需要土地制度改革，进而需要农村改革、农民致富、农民城镇化、农村现代化。

第二条线是农民。就是从人的角度来考虑，农民需要成长、需要城乡一体化；于是需要拥有技能、获得福利、社会稳定；从而需要从业能力、就业能力、短期收益和长期受益并举；进而需要特色精品农业、现代科技农企、城镇化和就地城镇化。

第三条线是农村。需要环境美好、产业持续、安居乐业；于是需要设施投资、产业培育、社会治理；从而需要金融参与、企业参与、人才参与；进而需要农村产业可持续、培育新产业新业态，农村集体、政府、企业搭建新合作；原住民、新住民形成新社会。

第四条线是人才和产业。需要落地农村；于是需要创造新业态、提供新产品、吸引消费者、吸引新居民；从而需要高频和低频产业融合、多功能、多业态、城乡融合；进而需要商业模式、供给侧改革、要素释放，政策空间带来产业空间。

第五条线是新农业、新农人、新农村。高效率的农业可以有三种，即规模化现代农业、特色精品农业、创意农业；这就需要新农企、新农人、新农民，农企从事大农业，个人从事后两者；同时，农村吸附了人，农村变成新农村。

总结起来，农业背后是土地，土地背后是人，人背后是"三农"。"三农"社会需要经济发展，经济发展路径是产业发展；产业发展需要商业模式；商业模式需要要素改革；改革牵涉"三农"和国民经济。

在农村，大范围来说，产业只有农业、旅游，再结合社区建设，于是我们有了这个公式：现代农业＋文化旅游＋田园社区＝田园综合体。田园综合体是在城乡一体格局下，顺应农村供给侧结构改革、新型产业发展，结合农村产权制度改革，实现中国乡村现代化、新型城镇化、社会经济全面发展的一种可持续性模式。田园综合体从概念上来说，就是跨产业、多功能的综合规划；从具体项目来说，就是多功能、多业态搭建业务结构的综合运营。

在新田园主义看来，生产、生活、生态，三者互为因果，互相促进，这样才能打造出高品质的生活、高效率的生产、高文明的生态。田园综合体恰恰为农村生产生活生态统筹推进构建了新模式，将成为乡村振兴的新样本。建设田园综合体，在发展生产、壮大产业的同时，为农民探索多元化的聚居模式，既保持田园特色，又实现现代居住功能，为实现城乡基础设施和公共服务均等化提供了最佳空间。它能够更好迎合和满足城市居民对生态旅游和乡村体验的消费需求，使生产、生活和生态融合互动发展。

田园综合体的经济原理，就是以企业和地方合作的方式，在乡村社会进行大范围整体综合的规划、开发、运营。主张以一种可以让企业参与、带有商业模式的顶层设计、城市元素与乡村结合、多方共建的"开发"方式，重塑中国乡村的美丽田园、美丽小镇。

（四）田园东方的模型

田园东方定位为以旅游度假业务为主业的企业，在田园综合体项目中以旅游度假产业拉动农业和社区发展，形成田园综合体的可行格局。这样考虑是因为，在广大乡村地区，农业的增加值是低的，旅游业的增加值是稍高的，而开发类业务是受限的，因此笔者提出田园东方的田园综合体业务模型为"在平衡农业发展和社区开发的情况下，突出以文旅产业作为整个项目商业模式可行的抓手"。

那么，在田园东方的田园综合体规划和运营中，在农业板块，如何能够做到农业乃至"三农"社会的"生态型"发展呢？

首先，在田园综合体规划和运营中，要立足于形成农业产业园区。

在农业生产的前端，做农业产业基础设施规划建设（如常说的"七网"建设），做农业种植分区，做科技品种规划，形成现代化科技农业；在生产过程中，通过示范种植引领、过程品质管控，形成园区统筹管理；在农业生产的后端，打造农产品品牌，建立渠道，开展市场营销；因企业介入，加之与地方合作，就有可能形成基于资金、管理、品牌等系列战略能力的农业产业园区。

同时，形成农业产业链延伸。

发展特色农业、循环农业、创意农业，包含精品农产品生产、加工和农产品品牌化创意研发；叠加发展休闲农业，有条件时甚至可以发展有规模的旅游度假产业；发展农业服务业，包括农业物联网和金融服务，开展品质检测服务，发展农业物流商贸。

与此相伴，建立乡村社会治理新元素、新秩序。呼应上述产业，并在上述产业推动下，营造形成乡村产业发展新格局。

具体来说，包括：

——农村要素改革和产业重新规划，使得一系列需支持型项目得以实施，例如开展基础设施建设、土地流转、土地整理、承包地改革利用、集体用地合规情况下改革利用等。

——引进新的企业和人才，包括新农人、新农企、新农业，也包括乡绅乡贤和乡村创客。

——建立新型生产关系，包括推动合作社实体化、实力化，在产业规划和具备有效商业模式的前提下，使得农民、集体可以与企业、金融机构等新资源形成多层次的合作。

——最后形成的局面，要能够统筹协调农民、集体、政府、企业、消费者、金融机构这六方。也就是田园东方常说的，田园综合体是乡村发展中的一个剧本，这六方是需要被平衡的六个演员，平衡好了，这六个演员才能够持续出演，完成这一场"大剧"。

在上述基础之上，乡村由包括农民、集体在内，并带着多方新型主体合成的社会，形成乡村秩序的主体参与者。乡村的物质和精神文明得以全面发展，乡村从而形成"新社会"。

田园综合体模式下的田园社区致力于让农村成为安居乐业的美丽家园。田园社区为原住民提供现代化又不失实用的新居所，为新住民提供城市生活中体验不到的乡村小筑，为游客提供舒适有风情的度假酒店。而这三类建筑、这"三种人"，并没有被割裂，而是同处于一个有着乡村美感的田园社区，同时享受完善的基础设施和周到的公共服务。

田园综合体开展田园社区建设不局限在硬件和保障设施，更体现在"三种人"的精神文化生活。以无锡田园东方为例，项目特别注重打造文化生活业态，例如田园大讲堂、田园生活馆、拾房书院、拾房市集、拾房手作、拾房咖啡等，并定期举行田园音乐节、拾房夜话、田园大篷车等丰富多彩的文化活动，保留原乡文化乡愁的同时，注入现代文化元素，有效提升了原住民、新住民和游客的文化生活水平。

总体上，我们可以用一张图表来清晰地表达田园综合体农业、农民、农村社会经济全面发展的生态生长模型。田园综合体的核心是"三农"。针对"三农"，田园东方给自己的目标是，要在"农业"上集中利用土地资源，提高生产效率；在"农村"上改善生活设施，融入都市文化，建设美丽乡村；在"农民"上给包括原住民在内的居民提供就业岗位，吸引农村劳动力成为农业产业工人，提升农民素质，增加农民收入。

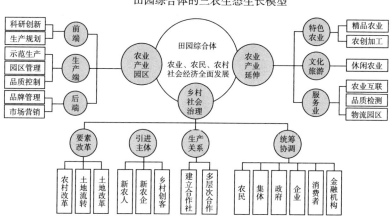

田园综合体的三农生态生长模型

田园综合体的目标，是实现地方社会经济全面发展。在上述模型中，我们可以看出，这个终局的形成，是多方参与、过程发展的结果，并不是单靠政府或农民能够完成，也不是绝对地说由谁牵头就能够完成的，更不是通过招商由某个企业来主导完成的。而是要形成共识，构建一个多方利益共享共生的画卷。政府对需要补贴支持的部分作补贴支持，对需要改革和重新规划的给予产业政策引导，然后由各方主体发挥所长积极参与创造，形成田园综合体的"新结构"。这个新结构是战略，随后还要有空气土壤让这个战略落地，还要有"想干、敢干、能干"的各方主体拼力执行，相互协力支持，最后方得成功！

田园综合体是国家绿色发展理念的生动实践，也是一个按照自然规律和社会经济规律运行的绿色发展模式。现代的田园综合体，围绕原有的自然景观，按照生态学原理去设计和建设，不破坏环境，实现原有的自然景观的延伸。它在自然面前保持谦逊，其田园风光、乡野氛围，加之优良的生态环境和循环农业模式，构成了农商结合、城乡结合、人与自然结合的地域复合小社会。

　　田园东方的项目都要求与"三农"之间形成紧密的合作，例如有条件的项目与当地合作社形成合资合作的共同主体，这就使得田园东方更有可能突显"田园综合体"概念，更有可能推动"三农"社会的生态生长。

第六章

田园综合体的实践

一、田园综合体的田园东方实践

田园综合体的第一个实践项目是"无锡阳山田园东方",这也是中国第一个田园综合体,是在新田园主义指导下打造的城乡融合新型示范区。这一国内首个大型田园综合体项目由田园东方集团组织实施,从2012年开始筹备、规划、建设,项目规划总面积大约6000亩。

无锡阳山田园东方以现代农业、文化旅游、田园社区为一体的发展模式,强调新型产业的综合价值,包括农业生产交易、乡村旅游休闲度假、田园娱乐体验、田园生态享乐居住等复合功能。这一模式将农业与服务业相结合,以商促农、以城带乡,将极大推动城乡统筹发展,推动新型城镇化进程,促进农业人口转移与充分就业,带动城乡经济协调发展。

(一)缘起和概况

1. 缘起

为何选择无锡阳山?笔者和田园东方团队当时选择"中国水蜜桃之乡"江苏无锡惠山区阳山镇作为田园综合体实践点,是因为这里的农业基础较好,周边人文主义思想和市场消费者理念相对成熟。同时,无锡阳山镇地势水网农田交织,原有村落格局保留较好，这里有亿年火山、万亩桃园、千年古刹、百年书院及优美的生态自然景观等。可以说，阳山整体的田园基底要素非常优良。

尽管是以市场主体的身份参与建设，但田园东方从来不把综合体看成是一个单一的项目。作为我国田园综合体最早的实践者，我们认为，"我们本身就是在参与新城镇建设、美丽乡村建设，把乡村的基础设施发展起来，把河道疏通，把生态打造起来，为一二三产业融合提供新的思路，为乡村创业就业提供新的平台。从这个角度说，田园综合体是契合城乡一体化发展的历史产物"。

说起无锡田园东方这个田园综合体的源起，不得不提到一个人，他就是阳山镇党委书记吴立刚。吴立刚说："阳山的农业用地占了70%，要想富民强镇，就要走'生态立镇'的发展之路。阳山发展休闲生态产业的铺底工作已做了多年，我们看到了一种非常明显的趋势：现代社会，谁有生态，谁就有生产力；谁有生态，谁就有未来。"

地处长三角经济发达地区，阳山镇对生态发展的坚守也经历了痛苦的选择过程。自20世纪90年代以来，阳山镇经历了规划布局乱、环境污染重、产业提升慢等问题。上文提到的丰富的资源，一直被闲置，没有被发掘，更缺乏一个功能有效整合的商业模式推动可持续发展。与此同时，它跟中国其他乡村面临的问题一样：资源匮乏、村落衰败、农业面源污染。于是，当原有的耕作方式难以为继时，整片村落就陷入破败而落后的状况。

在周边乡镇工业化、城镇化相对繁荣的大环境下，阳山镇在吴立刚等人的带领下，选择了将生态作为优先考量，将富民作为根本导向的科学发展道路。为了给这样的发展道路创造良好的环境，从而走上农业生态旅游道路，在政府持续不懈的努力下，阳山镇一共清退了138家低产能高污染企业。在笔者看来,这并不容易,因为在当时,乡镇工业占阳山镇经济的比重很大。

"我们把138家味精、陶瓷、化工、水泥等污染企业搬出,这个'减法'是最难的文章。"吴立刚说。但是,没有这个减法为前提,建设美丽乡村,发展田园综合体就难以实现。在吴立刚看来,农村改革、美丽乡村、田园综合体构成了一个乡村发展的"三部曲"。与政府引导、村民参与提升的新农村建设模式不同,田园综合体的发展模式可谓独树一帜。时至今日,笔者依然认为,从阳山镇可以看到,苏南乡镇在社会经济转型背景下,地方政府和百姓不断探寻着可持续发展之道。

阳山镇的生态环境

每个都市人心里都有一片桃花源,"望得见山、看得见水、记得住乡愁"变成了人们最渴望的田园梦想。2012年,笔者和田园东方携带新田园主义理论和田园综合体商业模式来到阳山,这与吴立刚等当地党政领导的思路不谋而合。2012年,阳山镇入选国家发展改革试点城镇;2013年,当地规划提出打造"中国最美生态小城镇"。在无锡市、惠山区及阳山镇的大力支持下,在企业自身的努力下,田园东方植入田园综合体的商业模式和空间结构,重塑阳山整体的城镇发展格局。

2. 概况

无锡市阳山镇,位于我国的长三角地区,东邻上海、苏州,西接南京,南临太湖,北靠长江。自然环境方面,"水蜜桃之乡"阳山镇自然生态资源丰富,桃林大约2万亩,生态林7000多亩,山地约10平方公里,素有"绿色大氧吧"的美誉。旅游资源方面,阳山镇拥有亿年火山、万亩桃园、千年古刹、百年书院。交通方面,乘坐高铁15分钟左右可到苏州、常州,45分钟可到上海;距上海虹桥机场及南京禄口机场约1小时30分钟车程;新长铁路、陆马快通、锡宜高速、342省道穿境而过,西环线对接市区高架,靠近京沪、沪宁高速。

整个项目规划总面积约6000亩,约占镇区总面积的1/10。吴立刚说,阳山镇的目标是在新田园主义的引领下,进入特色化的产业发展新阶段。结合高效科技农业发展,积极植入三产。以现代农业和文化旅游为核心,引领一产增效、三产升级。整体构建产业互动发展的格局,奠定城乡一体化发展的基础。

无锡田园东方示范区(东区),即一期项目位于阳山镇原拾房村所在地,桃溪路和杨阳路的交汇处。2014年3月,无锡田园东方一期示范区正式开园,包括田园生活馆、主题民宿、拾房书院、有机餐厅、生态农夫市集、牧场区、田野乐园户外活动区等多个业态。示范区留下了拾房村历史走过的一步步消失又复活的印记,还原和提升了乡村生活原有的魅力,打造了新时代的"拾房物语",得到各级领导的关注,受到了社会各界的广泛认可。

在为人们带来全新田园生活体验的同时，也清晰地传递出田园东方对于田园综合体模式多层级模型的探索呈现，也为消费者传递着当代田园生活的理念。据不完全统计，几年来，无锡田园东方项目示范区已接待了来自全国的超过千组考察团的参观指导，还获得了诸多的奖项和荣誉。

2017年，基于田园东方的基层实践、源于无锡阳山的"田园综合体"一词被正式写入当年的中央一号文件后，田园综合体概念一时风靡全国。伴随着行业人讨论和越来越多的探索实践案例，田园东方也对新时代的田园综合体模式做出了更加系统完整的思考和搭建。

2017年上半年，田园东方与合作社企业富民公司成立合资公司，2017年8月11日，田园东方二期即无锡田园东方北区农业产业园板块正式启动，2017年12月18日，无锡田园东方北区小镇中心"蜜桃街"和主题游乐农场正式开工。一个更加完整的田园综合体样板正在田园东方和各方的努力下一步步呈现。

无锡阳山田园东方项目效果图

（二）理念目标

项目整体理念是以企业和地方合作的方式，在乡村社会进行大范围整体综合的规划、开发、运营，涵盖现代农业、文化旅游、田园社区三个产业重构的田园综合体模式。项目总规划面积6000余亩，其中包含水域养殖区千余亩以及农业种植面积大约3000亩，绝大部分为水蜜桃种植区。项目紧邻阳山镇建成区，规划范围较大，涵盖了原来四个村子的范围。项目是在阳山镇以"蜜桃小镇"概念为主导的总体发展背景下，嵌入阳山镇的总体规划，与大阳山周边的交通、环境、景点以及其他设施，"全域化"地交融在一起。项目以"田园文旅小镇"为形态目标，将田园东方与阳山的发展融为一体。在文化线上，项目贯穿生态自然、保护传承的理念和独特的乡建情怀，营造出农文旅业态交融，呈现出怡人的田园风光和生活方式场景。其设计和运营理念对业界堪称有示范意义。

1. 讲求情怀

情怀，是田园东方发展壮大的一种追求。什么样的情怀决定什么样的田园综合体特色风情。包容开放的情怀，使得产业集聚丰富；向往美好的情怀，使得景观自然和谐、建筑雅逸多趣、项目富有品位、游客逐年增多，美誉度越来越高，成为乡村旅游的典范；勇于创新的情怀，是田园东方始终都拓印着的深刻痕迹，不论是让农民成为文旅产品的农创客，还是拓展水蜜桃深加工产业，都是创新情怀的结果。

第六章 田园综合体的实践

2. 保护性开发

示范区设计：一方面保留了原本的建筑形式，充分研究了绿化植被的空间分布；另一方面进行更全方面的保留，在材料工艺上以修旧的方式延展。拾房村的肌理是传统江南水乡的格局。由于本身的建筑条件一般，因此综合体设计者们选择性保留了原有的部分街巷空间和传统院落空间，通过对材料的换用，或者结构的延展，对其进行再创造。

循环再利用：考虑材料的循环再利用，那些被砍下来的桃树枝干，先收集堆放好；特别在动迁区，拆出来大量青砖、老瓦、石块等建筑材料，分区保护，编号回收，在后期设计中作为设计元素融入景观和小品中，让老物件得到保护的同时也遵循了在地化设计的原则。

3. 重塑田园生态

回归田园，不可或缺的是田园生态，然而，设计者们发现，整个生态系统处在崩溃中，周边水系断裂，池塘几乎成为死水。因此，要先对农田种植、水域灌溉、池塘养殖、村庄居住以及道路交通进行系统梳理，明确方向。比如农田，重点做有机农业示范；水域上，联通水系，打通整个基地的水域连接。

田园东方还思考了田园综合体内部生态的问题，由于区域本身的范围相对来说不大，所以治理更多的是在水体净化处理和材料应用上面，包括在乡镇的雨水收集系统、水体净化系统、河塘系统和生态循环系统上做了不少创新和尝试，增加了建设投入，最终形成了有自己特色的生态系统模式。

雨水收集系统：把雨水管接至雨水收集系统，经过处理后用于园林灌溉、道路洒水、消防用水等。材料方面，应用了透水砖，包括庭院的中央可作为雨水收集的空间，实现高效收集，合理利用。

水净化系统：当地污水主要由生活污水和地表水组成。生活污水一般不含毒性，且具有一定的肥效，可用来灌溉农田；地表水处理可以结合生态景观的营造，通过生态收集、净化之后进行利用；水体净化和建筑搭载的部分，尽可能做到回收处理，同时在餐厅周边设置小型沼气池。

河塘系统：采用软质驳岸结合水生植物净化水体，打造生态自然的水塘景观。构建自然复合的植被防护系统，综合阻挡地表径流，防治水土流失，滞留淀积过滤泥沙。在灌溉水渠生态化设计方面，河塘尽可能保留原生态场景，通过植入性的设计，使生态场景更加美观动人。

生态循环系统：综合考虑农业生产、人类活动以及其他游客观光带来的相互关联和相关引导。在拾房村旁做了排污处理，通过污水截流进市政管网、雨污分流、建立生态多塘系统和植被生态沟渠，减少农业面源污染。

（三）三大板块

无锡田园东方项目规划总面积约6000亩，现已建成运营的核心示范区面积约300亩。北区桃林种植和部分文旅项目已完成，其余部分正逐步实施中。整个项目包含现代农业、文化旅游、田园社区三大板块。

1. 现代农业板块

现代农业板块共规划四个农业产业园及休闲农业观光示范

区，以此来打造整个田园综合体的农业基底。四个农业产业园包括有机农场示范园、水蜜桃生产示范园、果品设施栽培示范园及蔬果水产种养示范园。田园东方在打造现代农业板块的过程中做了三件事情：第一，培训当地农民成为产业工人，从事田园农事生产，解决农民就业问题；第二，与科研院校合作进行产品研发，为科研院校提供田园研发基地与高校实践基地；第三，与政府合作进行农创开发，推广当地农业品牌。如此一来，在延续阳山水蜜桃农业特色的同时，将阳山镇既有的农业资源也进行提升与优化，力争拓展阳山镇农业发展新方向。

右为原阳山镇桃农、现田园东方种桃能手徐亚琴

2013年开始，田园东方与阳山镇、桃农合作打造总规划面积3000余亩的水蜜桃生产基地，成为阳山水蜜桃主产区内最大的生产基地。通过几年的整体规划、科学合理的精心培育，2017年，无锡田园东方阳山水蜜桃广获市场好评，田园东方阳山水蜜桃白凤品种获得2017年全国赛桃会金奖。桃农们也赚得盆满钵满，阳山镇很多桃农以前想都不敢想，他们一年四季都能赚"桃"钱。惠山区和阳山镇政府授予田园东方农业公司"现代水蜜桃技术创新奖"奖项，表彰田园东方农业公司在提升桃品质、推动桃事业、带动桃农致富方面的努力。

2. 文化旅游板块

文化旅游板块是田园综合体最核心的部分。无锡田园东方项目示范区保留了拾房村 10 栋老房子，研究拾房村村落肌理及历史文化，打造"拾房文化市集"，同时植入八大文旅业态强化田园主题，使休闲文旅成为展现和体现田园综合体乡村文化精髓的板块。这八大业态包括田园生活馆、有机蔬菜餐厅、学校、咖啡厅、市集、书院、民宿度假村及田野乐园，这些将在下文做详细介绍。

传统的乡建可能只关注建筑改造或空间环境改造，而田园东方植入的文旅业态是此项目最大的创新与挑战。延展各业态的复合功能，将居住、工作、田园空间有机结合，实现功能最大化；将旅游、文化、农业产业有机结合，实现效益最大化，最终引导乡村社会的综合发展。在田园东方看来，休闲文旅板块对不同客群都有较强的吸引力，亲子家庭、商务团体、学生、情侣、艺术家、农产品经销商等人群都能在这里找到自己的田园归属感。

3. 田园社区板块

在原住民通过双置换并生活在新建社区以后，田园东方在项目边上还打造了名为"拾房桃溪"的田园度假居住区、田园亲子度假酒店区。运用新田园主义设计手法，尊重原有的乡村风貌和聚落肌理，将农耕、生态、健康、阳光与居住亲密相融，打造一个原住民、新住民、游客共同交融生活的梦里桃花源。拾房桃溪整体形态上仍以村落形态融入田野，为田园居住者构建一幅"有花有业锄作田"的新型人居画卷，将农耕、生态、阳光、田地嵌入现代度假消费人群的生活，社区营造方法和管理践行新田园主

第六章 田园综合体的实践

义理论,开放共建、生态可持续。当地人介绍说,之前的城乡规划就把这里的社区范围规划成形如佛手融入农田,向千年古刹朝阳禅寺行礼,致敬阳山历史文脉。

田园东方的田园社区理念包括原住民、新住民、游客共同生活的领域。其中为新住民开发的物业主要是城市人的康养度假屋,也是作为远离城市的"第二居所",用来满足城市人回归田园生活的愿望,重点是满足其精神追求。由于这类物业的用途多为度假,非节假日的空住率较高,闲置的度假物业造成了资源的浪费,因此田园东方以受托运营和尝试分时度假运营的模式,开展这里的物业运营、度假村运营和社区营造活动。

在这里顺便展开一点讨论。在田园综合体的产业板块中,社区板块,通常争议较多。因为,在着眼"三农"的田园综合体概念中,"开发""地产"是"带刺的玫瑰"。这要求田园综合体的发展中眼光不要放在"开发"上,而是着眼于经营型产业的营造。但笔者认为也不要过于避而不谈。很多业内人士也都认为,这一板块,可以视为支撑投资的载体,同时也是在新产业集聚完成时,乡镇人口集聚形成新社区的需要。在大部分地区,单纯农业、文旅这些实体经济在商业模式上暂时还难以单独挑起大梁,需要用时间来换取空间。当然,田园综合体的实践者们在出发点上,就不应该把开发业务作为目的,因为田园综合体的目标是地方产业培育、区域经济发展。

关于田园社区,无论是村民新社区、新建居住区,还是旅游度假物业的开发建设,都要符合城乡规划。在这两年,中央和各地出台大量引导性文件和政策,鼓励集体土地、房屋在符合要求的情况下尝试多样化使用,也为田园综合体开发运营的方式,为实现乡村地区的"产业加生活",带来了更多的可能性。

（四）文旅业态

植入业态是对田园综合体项目最大的挑战和最大的创新。传统的乡建，可能政府侧重的是美丽乡村建设，只关注"涂脂抹粉"，或者外部传统所谓的空间整理，或者公共环境治理改善。而田园东方则是通过研究拾房村本身的肌理和历史文化，植入业态，构筑起田园主体，并为不同业态空间进行室内设计，将田园空间与居住、工作空间有机结合，农业与休闲、文化产业有机结合，实现效益扩大，延展复合化功能。田园东方为每个新田园主义者创造田园梦想之境，致力于让所有人在山川、桃林、良田、书院之间，重拾渔樵耕读诗酒田园的质朴生活乐趣。

1. 田园蕃薯藤·TINA 咖啡 & TINA 餐厅

2016 年，田园东方引进台湾地区知名有机品牌蕃薯藤，合资打造田园蕃薯藤 TINA 厨房、田园蕃薯藤 TINA 咖啡等田园有机品牌。田园蕃薯藤 TINA 咖啡提供新鲜纯天然果汁、有机烘焙咖啡、各式有机花茶、各式有机奶茶茶品，以口味超赞的台湾饮品搭配轻食面包餐，烘焙风靡台湾的天然酵母手工面包。

在田园蕃薯藤 TINA 厨房，人们可以品尝到田园东方自然农法栽种的天然蔬果；还有来自同样坚持绿色理念的农场的各种食材；TINA 厨房坚持健康的节气饮食观，在不同的时令，选用季节蔬果烹饪菜肴，充分发挥当季食材新鲜美味、有益健康的特点；不仅如此，TINA 厨房还强调低油、低盐、低糖、低卡、无精致加工、无化肥农药污染，让人吃得安心。

2. 拾房咖啡

"原乡"风格的乡村咖啡厅，老屋、原石、原木、爬藤，一口古井传递着过去村子里生活绵延至今的气息，紧扣住拾房村古朴自然的文化、质朴的风情和清风散发出土壤的气息，创造了更多田园乡村带给人的安静滋养的空间。

拾房咖啡的另一栋改造后的老屋，目前作为民宿的餐厅，为住店客户供应丰富营养的早午晚餐，同时为游客每日供应新鲜特色的当地时令美食，简餐及茶饮。雅致古朴的空间、愉悦轻松的环境，让人在享受美食的同时，也能享受一段温馨自在的好时光。尤其值得期待的是，每周五是餐厅的狂欢日，乐队表演、自助烧烤，伴随着田园独有的微风与虫鸣，足以带来一个令人难以忘怀的夜晚。

3. 拾房市集

汇集新鲜有趣的文创用品、引人垂涎的小吃、天然健康的蔬果，定时还有村头艺人表演、民间手艺展示等惊喜活动……这里是易物买卖的大市集，也是拥有同样理念的人们互相交流的平台。开敞的活动场所、清新质朴的装饰风格，营造简单随性的交流空间，无论是土生土长的乡民还是远道而来的游客，都能在这里找到最单纯的邻里关系和最初始的信任与感动。

4. 稼圃集民宿

稼圃集民宿坐落在田园东方示范区，与花间堂合作经营。稼圃集包含连同茶室在内的二十四间乡土风老宅民宿，营造具有代表性的田园风情度假体验。

民宿选址拾房村历史最为悠久的房舍，形制独特的古宅始建于民国，两层的对称式布局与排窗记载着一个世纪前的流行浪潮，经由设计师匠心独运，采用正宗工法将老宅修旧如旧，同时融入乡朴美学的精髓，"在山川、桃林、良田、书院之间，重拾渔樵耕读诗酒田园的质朴生活"。

5. 田园东方亲子度假村

亲子度假村群位于项目生活示范区内，由七十余套度假屋返租改造而成，分为丰谷、桃李、耕织、静流四大主题房，通过返璞归真、古朴雅致的人居风格，完整呈现田园人梦想中的田园生活。

度假村轻装修、重装饰，注重细节的打造，以明快色彩和简洁装饰为主要风格，完整呈现田园人梦想中的田园生活。田园东方亲子度假村是独有的以水蜜桃故乡为主题的亲子度假酒店，适合家庭出游，倡导释放天性、按序生长的亲子教育理念。与此同时，更有拾房书院、面包坊、拾房咖啡、田野乐园等丰富的田园生活资源配套。一年四季里，春日赏花，夏日摘果，秋日垂钓，冬日温泉，总有不间断的惊喜惊艳。

民宿及度假村配套有温泉，田园东方把这里的温泉起名"桃花泉"，该温泉系华东唯一火山温泉，几处温泉汤池掩映在度假屋和老屋之间的花田中。

6. 拾房书院

拾房书院是原拾房村的村小书塾，以"师法自然，复兴田园"为主题。面积仅约 280m² 的拾房书院维系着对土地和自然最本真的情感。随意复古的朴素装饰、沉静浓郁的书香氛围，是传递知识和梦想最好的摇篮。这里的书籍来自四面八方的馈赠。在这里有精心选择和保留的最原始的老式建筑，传递最浓厚的乡村情怀，拾起一本书，沉浸在拾房书院的书香气质中，就可以感受这浓郁的拾房文化。

7. 田园大讲堂

田园大讲堂是园区内具有代表性的会晤地，设计师以快速生长的毛竹作为主要元素，传递节节向上的积极姿态，融入田园理念，打造生态会议场所。大讲堂可以举办活动、开办课程、承接会议，定期邀请不同领域的名家学者进行讲座交流。袈蓝建筑的邹迎晞在设计田园大讲堂这栋建筑时，以竹子为造型和质理语言，虚实揽聚空间，融入整个园区的场域环境中。

8. 蜜桃猪 DE 田野乐园

蜜桃猪 DE 田野乐园是由乡见设计团队打造的儿童主题亲子乐园，占地面积 30 亩，选用泥土、木头、树桩、树枝等原生材质和循环材料作为构造材料，纯手工打造，营造出完全不同于城市"钢筋水泥"的"绿色王国"。目前已改造升级为规模更大、设施更完备、IP 更清晰的儿童主题亲子乐园，以蜜桃猪的 IP 形象为主，从儿童心理兴趣出发，设计多种类型的主题活动。乐园内有动植物体验区和儿童手作体验区等"乡村儿童俱乐部"，丰富儿童的自然教育、游玩体验。

9. 田园生活馆

田园生活馆是田园东方精心打造的乡村文创基地和生活展示馆，将设计带入日用美学，让艺术进入平常生活。这里有精选健康食品、文创艺术品等，例如田园东方合作单位内蒙古农业品牌企业蒙清农业的中国杂粮产品，蜜桃汁、桃胶等当地农产品，阳山当地传统小食大麦饼等；更有田园村趣手作教室，所有来到田园的人，都能利用自然馈赠的种子、木头等创造属于自己的艺术品。

10. 拾房手作

田园东方的拾房手作教室开设了植物草木染、皮具制作、瓷刻、木艺等各类体验课程，游客可以亲自体验每一种美好的生活方式，结识更多热爱生活的人，以手作之名，传递美好，在有限的空间里探寻无限的可能。艺术创作并非高不可攀，一堆木料、一块皮革、一缸草染、一片麻布……每一件看上去粗糙憨厚的材料都能制成有灵魂的工艺品。

11. 花泥里陶瓷手工体验坊

以手抚陶，以手养心。泥塑——拉坯——涂色——烧制——上釉，在这里可以亲手体验陶艺的制作过程。拿起一块陶土，在拉胚机上固定，随着转盘的转动，一堆堆泥巴经手成形，绘上专属的图案，刻出流畅的线条，经过高温1300度烧制成五彩斑斓的瓷器。陶艺是泥土和十指塑造的个性，手工陶艺是独一无二的艺术品。

12. 北区项目

田园东方将示范区东区和北区合称为"蜜桃村"，呼应阳山蜜桃小镇的整体建设形象。田园东方蜜桃村的北区各项业态正待呈现，其中主要包括一条蜜桃街，其中含阳湖讲习所、蜜桃梦工厂、有机蔬食店、阳山杂货店、田园市集、民宿、田野营地以及主题游乐农场和水蜜桃种植示范区，背景是广大的田园东方水蜜桃种植基地。

（五）让旧村重焕魅力

在项目总体规划设计开始时，田园东方组织召开了无数轮头脑风暴会议，并邀请了很多家设计单位参与前期创意规划设计。开始时田园东方只给了大家一个粗略的目标，而各家设计单位都没有完整的想法。笔者至今清楚地记得，有一天下午，经历了多轮方案提报的多家设计单位都只是画了一些零星的意向，谁也定不了总体的框架，然后把眼光投向笔者。笔者看着大家焦虑的眼神，便不再顾念自己内心也存在的忐忑犹豫，走到会议室的大白板上，勾画出整个6000亩规划的结构布局，规划结构中重点强调了整个项目融入阳山镇整体农业生产布局体系、旅游交通体系、水系，使不同主题业态的小组团遍布整个基地的发展，从而实现"三生"融合、逐步生长的建设计划，并且将功能业态详细清单和配置，写满了整个墙面。并确定好以拾房村组团为起点，将拾房村作为"田园生活示范区"，那里的300亩地范围，就是后来名扬业界、国内首个田园综合体实践项目的田园东方一期。

完成这个规划和设计任务书目录后，负责项目总体规划的上海联创设计公司一位女设计师给笔者发微信，说规划师们已经苦恼了几个月了，幸亏最后你老大出手决定了，否则大家不知道还要游荡争吵到什么时候呢！现在回想起来，那天下午是挺重要的一次会议，那张白板的内容，指导着我们后来很多年的工作和事业。

在我们决策了总体布局以后，邀请了几家建筑和景观设计单位对示范区核心区，也就是拾房村区域进行详细设计。

拾房村本来在风貌上只是一个很普通的村子，也没什么建筑价值，原本是要全部拆除做成景观的。在一次现场踏勘时，这座原本要被全部拆除的村落中部分建国前后建造的老民宅风貌尚好，笔者突然产生一个想法：能不能保留其中几栋房屋、几垅老田，将来融合在新建区风貌边上，即使将来做成村史陈列馆，也是一种对旧村庄的记忆。

于是当时第一批来到拾房村的田园东方的同事们，首先对拾房村进行了充分的调研，对其中需要保留再利用的民宅进行了详细的测绘。当时确定的规划设计原则是尊重阳山的自然生态和拾房村的历史记忆，最大限度地保持拾房村原有的村落尺度及空间形态，最大限度地利用原有道路及场地系统，保留村庄内的原生树木、桃树、池塘、古井，以及沿着蜿蜒水路盛开的桃花。通过对原始村落的保护与更新，延续原有的田园生活场景。

拾房村的故事从"让旧村重焕魅力"成为设计策略而开始了。根据勘查，我们选择了10栋相对较好的老房子决定"刀下留房"，就是说服拆迁队不拆除，留下今后改造使用。同时，第一批到现场的同事们还特地花钱买下了村民留下的141棵树，包括后来满身是故事的拾房书院窗外那棵老桃树。10栋老房子散布在示范区中。其中7栋为老民宅，可以加以保护和修缮；其余3栋必须彻底改造，于是趁势改为具有新使用功能的新中式建筑，融合了现代都市的时尚元素。新旧融合的村落场景，用老建筑述说岁月的故事，用新建筑展现当代田园生活的魅力。通过新与旧相互对话和呼应，形成新的村落空间和景观意象，营造田园牧歌式的浪漫生活情景。

1. 村落再生

保留老建筑结合加建、改建，要强调形成和原有形制一致的屋顶，形成松散开放式组团空间，一个小组团形成文化聚落，一个小组团形成市集聚落,周围交融着桃林、田野。

老房子修缮部分尽量保留原有屋顶、墙身、结构、门窗风貌,对原有建筑构件进行清洗和加固,或原材更换。可辨识原始风貌样式的地方依原始样式重做,做旧处理。建筑构件缺失而不可辨识或不满足使用功能要求的,则以简洁现代的新型构件替代,如钢结构、金属框玻璃门窗等。

设计中老房子组团改扩建部分采用简洁现代的钢结构、金属板、玻璃等新兴材料和做法,与老建筑形成对比。新建结构形成独立完整的自承重体系,与原有结构体系脱开,并在需要补强的老建筑局部采用新钢结构支撑加固。

改造前的老房子和改造后的拾房书院

2. 原址新建

田园生活馆、田园大讲堂、田园蕃薯藤餐厅为原址新建,成为完整村落空间的一部分。田园生活馆和田园大讲堂位于原始村落东侧,充分融入东侧优美的大地景观中,并形成在拾房村核心区东眺的景观,成为整个拾房村建筑群中最重要的画面。

示范区区域内以步行系统为主,将建筑与景观融合,串联各主要功能建筑及景观节点,塑造出开放的田园式步行系统。

村落内部空间采用局部"村口广场"式空间,满足人员集散和举行活动的要求;外围设计为广阔的大地景观,改造利用了原始保留的桃林、樟树、榉树等,塑造出具有乡野风情的东方田园意象。

3. 发掘便捷的资源

在拾房村田园核心区,设计师们没有把农地填上做成草坪,也没有做成供观赏的四季花卉,而是原汁原味地规划了一片中心菜地,种植油菜、小麦、秋葵、紫苏等,形成不同的景观。建设初始期,栽种的是可食用的秋葵和紫苏。这片中心菜地的农田,原本土质指标较低,设计师们经过机器和人工的三遍犁耕,加入基质和营养土进行改良、翻种后,才开始栽植培育5cm高的秋葵和紫苏幼苗盆苗,当年9月成熟结果。

就蔬菜园而言,前期规模要适量。因为种的东西不停生长,需要考虑四季轮换,来选择当季适宜的栽种农作物。收获的果蔬由大厨采摘,进入主题餐厅变成美食,如油菜籽冷榨为菜籽油,小麦经过一系列手工程序后被制作成新鲜面包。

第六章　田园综合体的实践

在建造拾房村入口的"集石桥"时，设计师和建设者们放弃了收购别处的老桥直接搬移过来的计划，而采用手工打造，把从各村落回收的石头石板，进行编号拼合。由于是手工，每一块大小厚度都不同。桥体所有材料经过设计和选配后，又一块块铺设成桥面，甚至青苔都是设计师去周边采来铺在石缝中的。

水塘在农村是非常典型的景观。原有的水塘尽量不做改造，而是先做好生态恢复。设计师们听闻这里曾有白鹭栖息，白鹭喜欢在河滩、矮小树权间营巢，据此，设计师和建设者们种了成片树林，将相邻的水塘贯通起来，在原有的水塘基础上，丰富水生物种群，营造生态湿地，吸引白鹭回归。

最后，一堵未完成的墙也给了在现场的设计师们启示：这面石墙即将竣工时，已经缺人工了，疲倦的设计师看到周边倒放着一些坛坛罐罐，随手将它们堆放在一起，充当短墙，种上点植株，倒成了独特的摆件。这让我们思考，田园就应该是这样的：用最便捷的方式，在地发掘手边的资源，用最便宜的材料来营造。

整个拾房村的营造，呈现出一幅朴实无华的自然淳美。后来，乡见设计的徐心怡和设计师们将新田园主义美学总结为"洗尽铅华""见素抱朴",并自创了"乡朴美学"这个词,来形容这样一种田园之美。

(六)无锡田园东方蜜桃村二期——水蜜桃主题田园文旅小镇

泰锡宜高铁无锡西站旁,规划建设中的无锡田园东方蜜桃村北区蜜桃街,是无锡阳山田园文旅小镇未来的"风情客厅"。未来的客厅将充分诠释小镇以适宜人居为核心、以生态环境提升为基础、以现代农业为特色来打造休闲人文度假产业集群的发展理念,也是小镇进行美丽乡村和旅游风情展示的重要实践。在用一条最美田园路串起的整个项目范围内,规划建设 1 个小镇中心、2 种田园社区(分散式、集中式)、3 个农业基地(休闲农业、CSA 社区支持农园、生产性农业园区)、4 个度假产品(精品客栈、民宿聚落、度假村落、生态营地)和 5 个主题游乐(田野乐园、农场牧场、拓展乐园、田野花谷以及主题农庄），在涵盖生态农业、休闲旅游和田园生活等复合功能的基础上，打造田园综合体更完整概念和形态的村镇风貌，让那幅美丽的图景围绕在我们身边，触手可及，成为我们生活的家园。

田园文旅小镇的核心工程为建设阳山水蜜桃种植示范基地，其中推动阳山水蜜桃最新种植技术与标准落地的"生态种植科技园"，将为当地农户输出生态种植的理念。田园东方2017年规划了300亩农田进行水肥一体化试验，将有机肥与水相混合进行灌溉，有效减少水肥浪费，提高肥料使用效率，目前试验取得初步成功；与此同时，还鼓励农民放弃除草剂，改用种植三叶草等肥料植物覆盖杂草，使得水蜜桃的农药残留大大降低，今后将逐步推广到全部3000亩种植区域。

无锡田园东方水蜜桃种植基地实景图

此外，示范基地与农业科研院所、农技部门在水蜜桃新品种引进、土壤改良、病虫害防治、气体冷库建设和农业物联网等方面进行合作，划分草害防治示范区、数字果园区、新技术展示区、设施栽培区、机械化种植区、品种展示区六大区域。使用物联网传感器后,技术人员能够坐在中控室中实时了解桃林的土壤温度、湿度以及病虫害情况,一旦有异常能够第一时间采取措施,减少损失。

同时,依托阳山在地桃文脉,北区继续深耕桃文化,建设主题鲜明的水蜜桃主题系列集群,打造阳山规模最大的水蜜桃"知识库"——水蜜桃示范种植基地、国家桃产业研究基地,以多种农业生产关系为核心,以水蜜桃产业研究院、水蜜桃品牌营销中心为重点轴线,形成"一心、两轴、八区"的田园东方特色化现代农业规划布局。

作为无锡田园东方蜜桃村北区田园文旅小镇中心的蜜桃街于2017年12月18日开工,蜜桃街是项目二期的整体生活和服务配套的集散地,也是集中性展示蜜桃文化的特色平台。

无锡田园东方蜜桃村北区小镇中心——蜜桃街

应该看到,它的奠基启动,标志着田园东方不断创新实践的田园综合体模式迈入崭新的征程。其在功能组团设置上涵盖了观光休闲、餐饮娱乐、文化体验等文旅性能。另一方面,在一期示范区运营良好、特色鲜明的业态方面作了进一步提升,新设业态包括阳湖讲习所、音乐咖吧、稼圃集酒店二期、田野营地等,在一期基础上更新体验化功能及创新性元素，打造更有竞争力的文旅业态产品。同时借鉴当下广受休闲群体欢迎的度假风潮，新增以蜜桃梦工厂主题体验馆、阳山老杂店（阳山地方商品和餐饮集合点）、有机蔬食餐厅、田园综合体展示馆、田园市集、创客农庄为代表的田园乡村生活类体验业态，将农业业态溢出呈现在文旅场景中，满足多样化的人群需求。

围绕小镇中心，还将建成两个主题田野乐园。田野乐园的总体思路是依托良好的田园生态环境，与IP形象、故事相结合，汇集全球知名品牌的非动力设施设备，致力于打造全国IP农场标杆项目，构建"IP + 非动力游乐 + 农场"的田园游乐实体化新体验。

与此同时，打造CSA社区支持型农业项目——CSA农场，主要面向周边倡导"生活新体验"的人群，一年四季为其提供有机、健康、可追溯的农产品。

通过多种业态的集聚与融合，全方位展现丰富深远的田园文化内核，以全新的方式演绎独具魅力的田园生活，让更多人以文旅小镇为载体，欣赏田园风光、品味乡村土产、了解风土人情、体验农耕生活。

田园东方计划牵头联合各界，在无锡阳山筹办田园文旅职业培训学校，为人才紧缺的行业，开设农文旅方面一线职业技能的职业培训课程。在田园综合体的初始实践地，长期从事职业人才教育和培养工作。

可以说，无锡田园东方北区的建成，将是田园东方就其提出的田园综合体模式的一次重大实践。不远的将来，一个涵盖现代农业、文化旅游、田园社区等复合功能，"规模更宏大、业态更丰富、文旅要素更创新、乡建理念更包容"的中国首个水蜜桃主题特色田园风貌、城乡融合发展的项目模型即将呈现。

(七) 田园综合体在成都的实践

2017年6月,在成都农村产权交易所举行的成都田园综合体发展论坛上,田园东方投资集团有限公司与四川和盛家园小城镇农业开发集团有限公司签约,双方将在田园综合体建设方面实现战略合作,共同在成都进行田园综合体探索实践。这也将为成都统筹城乡发展试验区提供全新案例。项目规划总面积约1300亩,由田园东方与和盛家园共同投资打造,计划2020年全面建成。

成都新兴和盛田园东方鸟瞰图

示范区:爱尚田园

田园东方、和盛家园、成都农交所的这次合作,为解决城乡统筹协同发展中"三难"之一的土地要素流转问题提供了新的解决案例。成都当地乡村发展领域认为,多家企业与农交所"N + 1"的多方互动模式方式新颖且具有示范意义,将对探索城乡统筹发展、深化农村土地改革,以及田园综合体的模式创新、纵深发展等具有深远意义。

随着土地要素的成功流转,田园东方的田园综合体模式在成都的实践速度也在加快。成都第一个田园东方田园综合体项目落地天府新区新兴镇。项目启动区位于新兴镇场镇入口处,北临新中路,南临三岔湖旅游快速通道,东临场镇,西临成昆货运专线。田园东方表示,该项目将会融合农业、文旅、社区三大产业,着眼于田园环境中的都市时尚产业业态,以这些产业的培育,改变当地场域气质和属性,呈现新产业带来的经济发展局面,从而实现"农民富、农业强、农村美"的目标,促进城市与农村协同发展。

"一个田园会客厅,一座田园CBD",这是田园东方成都新兴项目期望给游客和消费者的体验,其内涵可以延展为城外浪漫之地、田野求婚天堂、近郊度假好去处、乡村创业中心、乡野潮玩俱乐部。其整体规划是"三核一带"。一带包括最美田园路、大地景观带,串联各功能区。三核是爱尚田园、乐活田园、创智田园,分别对应的是文化标杆、田野游乐、创意办公。

据分析,成都新兴田园综合体项目针对的主力客群是"三创一闲",即向往田园风情、享受文艺调性、喜欢乡创氛围的文创人、农创人、科创人和休闲人。项目开创近郊田园创享CBD产业先河,打造成都田园综合休闲体验示范,带动当地创意产业经济的发展。由此来看,其近期驱动力包括两方面,一是主题游乐型、最具活力的近郊亲子自然乐园,二是主题产品型、最具文艺调性的浪漫文化场所;远期驱动力主要是商务活动型、最具田园调性的共享办公集群。

具体来说,"创智田园"以创智研发中心为核心功能,从事乡村建设上下游相关业务,形成乡村环境中创新创意类企业、创客的办公集合地、"生活场"。"爱尚田园"定位为成都最具代表性的田园文艺精神场所,以文化艺展、学术论坛、婚庆婚礼、会议会晤、特色餐饮为核心功能。"乐活田园"以成都最具人气的田园共享教育、亲子活力场所为定位,引入IP主题形象IP,形成以共享教育、亲子游乐、田园拓展、田园观光、娱乐集市、主题餐厅、特色商街为核心功能的亲子自然乐园。

与无锡田园东方项目偏重"农旅"业态定位不同,成都新兴项目因其区位和市场的不同,更多地偏向文化、商业、创意办公产业。而在文旅方面,更丰富的业态也是新兴田园综合体的一大特点。田园东方成都新兴和盛田园综合体项目以创智田园为核心,连同爱尚田园、乐活田园形成三大主题板块,并与田园社区(村民安置及自主产业发展区)形成互动。

2018年园区各功能区将陆续开放,一座新的田园综合体即将出现在成都,形成集文化、娱乐、商业、办公为一体的城乡融合的复合型田园生态圈,"让人们在城乡之间美好地生活"!

(八)结语

2012年前的拾房村渐渐凋敝,此后的拾房村重新焕发生机。它的重生吸引了社会各界人士、企业和政府的高度关注。无锡田园东方既是城镇化项目,又是文旅项目,但这个文旅项目不是建一个旅游景区,而是建设大量文旅设施的一个融汇原有农业产业、新兴文旅产业的新的乡村、新的小镇。田园综合体毫无疑问推动了整个阳山镇新型城镇化的城乡发展进程,也实现了乡村复兴的初心。

在无锡,田园东方的田园综合体让阳山镇当地受益。自项目开园以来,无论是阳山镇地域品牌、知名度还是特色资源都有了较大程度的提升,阳山镇的镇域综合竞争力有了长足发展。该项目整合当地农业、旅游与地产资源,进行三位一体的综合开发,提升农业休闲观光价值,建设都市人向往的田园小镇,实现乡村田园梦想。此外,田园综合体提升了阳山镇的附加值。其附加值在于农产品价值的提升、乡村旅游基地的建立及资产融资平台的搭建等。田园综合体在阳山镇的实践成功解决了长期困扰同类综合体项目的三大难题：一是土地问题；二是产业驱动匮乏与农民就业增收的问题；三是城乡协同发展中城乡文化生活差距的社区营造问题。另外，田园综合体在阳山镇的实践中，创造性地在苏南地区试行合作社资产与社会资本的股权合作，这些，无疑对其他地方的类似探索具有普适价值和借鉴意义。

在成都，田园东方的实践又在打造新版本的田园综合体。在继承无锡田园东方的特色和经验的基础上，其创意创业创新产业的色彩更浓厚。其产品形态更加多元，包括自然乐园产品、自然/人文的文艺场所、服务三创的共享空间和办公空间。加之，成都市是国务院确定的最早的城乡统筹示范区和农村改革试验区，成都市政府于2008年在全国率先挂牌成立农村产权流转综合服务平台，在建设用地指标、集体建设用地、农村土地综合整治、农村产权服务中，探索出了全新的服务模式和配套完善的交易制度。因此，业内对田园东方在成都的探索抱有很大期待。

事实上，近年来，田园东方在新田园主义、田园综合体的梦想道路上一直探索前行。凭借成功的商业模式及多年积累的田园综合体运营经验，2017年起田园东方开始积极向全国拓展新的落地项目，田园综合体走出阳山，聚焦京津、成渝、华东等地区深耕发展。未来希望继续发挥成功的经验优势，围绕三个基地持续发展、扩大发展，以一家优秀企业的情怀影响更多的人。

二、袈蓝建筑和乡见设计的实践

乡见设计和袈蓝建筑的团队是目前国内首个田园综合体项

目——无锡田园东方规划设计的主要担纲者。除此之外，在建的成都新兴田园综合体项目、三星镇田园综合体项目、常熟田园综合体项目、兰州榆中和呼和浩特清水河的田园综合体项目，也是由田园东方的乡见设计与袈蓝建筑的团队设计规划的。

这两大设计团队以乡村振兴为时代召唤，以构建完整的乡村可持续产业和社会均衡发展为理想，致力于城乡共荣、乡村文化复兴与营造。坚持走差异化的特色和个性化的服务的路线，坚持新设计、新模式的战略思路，积极倡导多学科、多领域的交叉互动，在田园综合体、全域旅游、美丽乡村以及乡村文创等业务范围内不断创新行业发展理念，期望在中国不断加快的城镇化进程中发挥自身优势，为创造绿色生态的人居环境贡献力量。

（一）乡见设计的理念和实践

乡见设计团队是新田园主义的探索者和践行者，是田园东方田园综合体产品研发和实施落地的设计机构，于2016年初重组成立。设计师均来自知名院校如同济大学、江南大学、中国美术学院、广州美术学院的建筑规划、景观设计等相关专业。目前公司包含前期运营策划、旅游规划、乡村规划、乐园设计、景观设计、文创设计等多个职能板块。

作为新型田园景观设计研发公司，乡见设计致力于园林景观新领域、田园综合体开发的战略探索和研究。在组合成跨地域、跨专业、跨文化的优秀团队的同时，依靠对先锋景观的敏锐触觉，以生态内涵为本，为研发创新解决目前乡村问题而努力，为田园综合体的统筹建设提供能量。

第六章　田园综合体的实践

1. 理念

什么样的美学观是适用于田园综合体的？乡见设计创始人徐心怡从生态、空间、意向、节气、匠造等角度阐述了新田园主义美学观。

（1）生态之美。在土地有限、保护与发展压力巨大的形势下，需要用尽可能少的土地，让大自然做功：一方面运用生态本身，展现大自然独有的地域景观；一方面是通过低碳设计，不对原生态格局产生影响，可以通过保留、再用和再生设计来实现落地。

保留——拾房书院。无锡田园东方的所在地拾房村中一栋最老的房屋，它的一砖一瓦均被保留下来。老房的整葺"修旧如旧"，所有的构件尽可能使用原乡老料：破损的屋瓦，采集当地的老青瓦补足；老墙面交由当地工匠清洗加固，并将很多老材料进行艺术化的掺和。

再用——稼圃集民宿。原有场地通过"再用"可以产生新的价值，满足现代人的审美和需求。民宿前曾经是一片荒地，设计师选择了五颜六色的绣球花进行填补，给予稼圃集最鲜活的点缀。

再生设计——田野乐园。原场地内的材料，包括树桩、乡土物种等，都可以通过加工和再设计而体现为一种新的景观，发挥新的功能。经过再生设计后的石头、草坪可作为铺地材料，山丘成为美丽的景观元素。

（2）空间之美。乡村的空间与城市非常不同，村口、老树、天井、晒场等，构成了复合性的共融空间，满足了生产、生活等需求，这正是现代城市封闭的居住环境所缺失的存在。人类的居住环境发展到今天，进入了居住环境与生态共融的阶段。

（3）意象之美。在中式美学的意象中，是以"匠"为核心的，比如传统的水墨山水画、红木家具、小镇建筑。而在新中式美学中，"艺"是当中的核心。新田园主义美学观不是单纯的仿古＋复制，而是更自然的精神内涵、时代设计理念、田园风貌控制和国际化观念形态的结合。"抱朴守真，大象无形""简法设计，师法自然"是乡见设计推崇的设计思路。

（4）节气之美。春花秋月、夏雨冬雪、日月星辰、草木繁枯、候鸟迁徙，四时之景不同，人置身其中，若不明这大地上微妙的变化，该是件多么遗憾的事情。自然有二十四节气，其中蕴含的效法自然、顺应自然、利用自然的观念，天人合一的智慧，是中国人对宇宙、自然的独特认识。人类也通过"行为参与"遵循农时节气，参与大自然生命的循环，"尊重自然，守护四季"也是田园景观中独特的美。

（5）匠造之美。当西方在标榜他们的百年工艺之时，中国本土也在传承着多种多样的手工匠造，甚至是非物质文化遗产。匠人为了追求更高的技术，努力做事的专注，是忙碌中的都市人向往的境界。所有精工制作的物件，最珍贵不能代替的就只有一个字"人"。人有情怀有信念有态度，所以没有理所当然，就是要在各种可能变数之中仍然做到最好。透过作品，去告诉他人心里的想法、眼中的世界、所在意所珍惜的感情。

2. 实践

以乡见设计参与的海南琼海市申报的博鳌田园综合体试点项目为例，从规划开始，博鳌田园综合体就受到国家和省政府的高度重视。

第六章　田园综合体的实践

田园综合体的普适性在博鳌要如何体现，造就有博鳌特色的理想乡村生活呢？乡见团队首先对项目所在地做了深度分析。他们制作了项目卡片——

位置：海南省琼海市博鳌镇；

面积：4950 亩；

地域特色：场地状态丰富，水体、树林、湿地均具；

政府诉求：打造田园城市，构建幸福琼海；

政府总体思路：不砍树、不占田、不拆房，就地城镇化。

规划思路

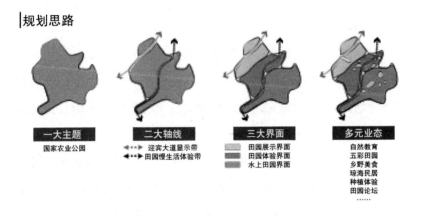

深入了解博鳌情况后，乡见团队从规划设计入手，又跳出规划设计，以全局视野为博鳌田园综合体打造了发展策略。他们认为，海南现在的旅游发展强调从观光游向休闲游延展，作为非常重要的节点性项目，博鳌田园综合体也试图寻求消费模式的突破，从观光消费转变到购买生活，突出田园体验型产品。在博鳌，以田园综合体为依托进行共享开发，将教育、文化、会议、游乐、农业、农庄、养老进行共享，在田园综合体范畴内进行扩展和整合。博鳌田园综合体的规划，没有脱离田园综合体的产业模型逻辑，但在业态上顺应当地情况且有所突破，它将成为一个窗口型、对话型、体验型、共享型的田园综合体。

2013年,国家提出"一带一路"的重大倡议,博鳌作为"21世纪海上丝绸之路"的重要节点,窗口形象非常关键。作为通向世界的窗口,展示博鳌乃至海南的文化历史显得重要而且必要,博鳌田园综合体将在保持和展现小镇田园风光特色的基础上,融入艺术、人文、科技等元素,并不断挖掘、保护、传承本土文化。博鳌是博鳌亚洲论坛永久所在地,论坛意味着开放。在博鳌田园综合体,乡见团队在功能属性定义上做了延展,即从"封闭会议"到"体验式会议"的变革,从而建立了东方论坛集会新模式——博鳌雅集。

制定好发展策略后,乡见团队的设计师们,下沉到项目规划本身,为博鳌田园综合体量体裁衣。整体空间以迎宾大道展示带和田园慢生活展示带为轴线,将空间自然分为三个界面,由北向南依次是田园展示界面、田园休闲界面、水上田园界面。北部区域作为窗口展示区域,南部区域作为田园慢生活体验区域,通过花园、村落、水上田园、田园论道等主题,形成大的"东方田洋"。在东方田洋区域内,依势散落着五彩稻田、主题秀场、艺术装置、田园论道等业态模型。

作为窗口展示型的田洋秀场,分布在外界进入博鳌亚洲论坛的必经之路——迎宾路两侧,展现具有中国特色的乡村田园风貌。分布着运用中国传统造景方式"框景"的田洋窗口、大尺度的五彩稻田、露天型的主题秀场、田园水区内的艺术装置。

田园论道是这里最有符号意象的一个业态,针对国家元首、政要、企业家,提供一个体验式的休闲轻松的会晤会谈空间。田园会议室将用能展现当地特色的材质构筑一个围合的空间,在背后配套高端时尚的乡野宴会厅、半室外形式的有机餐厅,除此之外，还有精品咖啡、养心书院。在入口的区域设置领导人种植体验区，请他们参与田园的农作中，体验小亩耕作的状态。

值得一提的还有"田园文化市集"，它是田园综合体里最集中的农业文创集群，为全年龄段游客提供吃、住、行、游、购、娱为一体的综合文旅服务。有展示田园文化的田园生活馆、售卖海南丰富物产的田园市集、庭院式的精品民宿、描述现有乡村文化的芳岭文化村、享受水上餐饮的水上船坞、跟自然教育集合在一起的生态营地、自然乐园、海南特色的水果采摘和垂钓等。

作为新田园主义美学践行者，乡见设计在新型田园综合体领域坚持新设计、新模式。除了旅游规划、乡村规划、景观设计，乡见设计还在乐园设计、文创设计方面承担起田园东方的自然乐园、文创产品的开发与设计。乡见设计创办了"乡见集"，作为乡见的文创品牌，并在社群和文化活动方面创办了设计师、农文创人士分享交流的公益论坛"乡见分享会"。

乡见设计的系列业务和延展，承载着田园综合体事业的创意创新和标杆实践项目的产品研发、规划设计。

(二) 袈蓝建筑的理念和实践

袈蓝建筑 2015 年成立于北京，是由邹迎晞结合过去田园综合体和文旅行业规划设计的实践积累而创立的，集策划、规划、建筑设计、室内设计、文创设计及设计施工一体化为一体的全产业链综合设计机构。自成立之日起，袈蓝建筑就专注于"以文旅产业为驱动的新型城镇化领域"，是国内最早且最专业的田园综合体类型项目设计服务机构。

2016 年 8 月，袈蓝建筑决定与田园东方投资有限公司联盟合作，将新型城镇化（田园综合体/特色小镇）类型业务进一步放大，作为机构重点业务。加盟田园东方，让袈蓝建筑与田园事业的关系更近了一层。由于袈蓝参与规划与建筑设计的国内首个田园综合体"无锡田园东方"逐步进入成熟阶段，成为国内各地城镇规划建设的学习对象，袈蓝建筑也成了业内的标杆和咨询对象。

邹迎晞作为袈蓝建筑的创始人和主持建筑师，进入建筑及规划设计领域超过 20 年，擅长城乡规划、大型公共建筑项目的设计规划与实施。对于设计本身始终保有高度的热情与责任感，在设计研究中，热衷于探究建筑与人和周边环境的互动关系，近年来更以中国城乡一体化建设和文化旅游项目为主要创作方向，不仅关注建筑设计与城乡生活的关系，更尝试用文化带入消弭城乡思维鸿沟。在设计呈现上看重创意的思想意涵与功能价值，追求作品的可持续发展和存在使命。他坚信建筑的未来只有两个结果，被保留和被炸掉，好的设计会在时间的推移中始终具有存在的价值，而最终成为建筑遗产，袈蓝建筑的团队始终以此为目标。

"花窗不重要，重要的是它前后的空间；建筑不重要，重要的是它与周边的关系；空间不重要，重要的是它内部的故事；故事不重要，重要的是谁在经历它。"在袈蓝建筑的设计者看来，田园综合体是"田园 + 乐园 + 家园"，发现自己、分享快乐、触摸自然、播种希望，实现人与自己、人与他人、人与自然、人与未来的联结。人与自我，渔、樵、耕、读；人与他人，沟通、分享、情感；人与自然，通融、情境、和谐、情感；人与未来，传承、探索、希望。

同时袈蓝建筑积极投身度假区、度假村等文旅建筑的设计实践，并在"更好地服务文旅度假落地项目发展"的理念指导下，

第六章 田园综合体的实践

衍生出以优秀建筑师、设计师联盟为基础,以实际落地项目业态平台搭建为目标的孵化平台品牌——"袈蓝公社"。作为袈蓝建筑的品牌延伸,"新田园主义实践者聚落"——袈蓝公社服务以田园综合体为主的新型城镇化项目和文旅度假类型项目,关注项目建成后的内容及产品运营的实际需求。

大量的新型城镇化项目的推进让袈蓝建筑和"田园"有了越来越多的联系,不同于在规定空间内的建筑改造或者规定面积内的建筑设计,田园综合体与特色小镇的策划、规划与建筑设计面对的是复杂得多的场景。单纯的建筑在这样的项目中只是一个组成部分,设计师需要用更丰富的视角去观察和体会将要改造的土地。他们创造的不仅是空间的物理结构,更是思想与在地文化的交融,在生活方式上提出新的主张。面对这样的课题,建筑不再是最重要的,内容才是完美呈现的关键。

在此,举一个袈蓝建筑的室内设计作品,来对袈蓝的创作思想做个介绍。这个作品,就是广受行业和业主好评的"蚂蜂窝全球总部空间设计"。

在蚂蜂窝公司总部办公空间的设计过程中,袈蓝不仅细致了解了客户的空间需要,更充分研究了客户的业态、商业发展的认知期待、文化和价值观,以做出最适合的设计方案。在呈现中不仅考虑空间使用层面的功能表现、视觉感受,更着眼于整体空间的营建对于品牌意涵本身的充分解读和品牌的人才吸引力、团队凝聚力提升的价值延伸。

蚂蜂窝的反馈很是积极。全新办公空间的落成,为蚂蜂窝品牌吸引了更多的人才与用户关注,在企业的文化建设中提供了更丰富的空间可能。同时,不盲从潮流,具有独立空间主张的设计更使蚂蜂窝的办公空间成为所入驻园区内的地标建筑,吸进了大量慕名而来的参观者，为品牌传播带来了更多元的流量。

这个项目完成后，蚂蜂窝和袈蓝建筑成了"思想上的"好朋友。

近年来，袈蓝建筑承担了无锡阳山田园东方、成都天府新区新兴镇、成都福洪镇、甘肃兰州榆中县、四川德阳孝感镇、江苏昆山千灯镇、山东青岛张家楼镇、北京延庆张山营镇、天津蓟县下营镇、广东韶关风度田园、阳光100原味漓江、蒙清农业清水河等众多田园综合体、文旅小镇、建筑项目的规划设计和实施。

兰州榆中县田园综合体鸟瞰图

从田园综合体到特色小镇，再到文旅建筑，袈蓝建筑已成为以创新为驱动、以新型城镇化为背景、以文旅为重心的，集项目策划、规划、建筑、室内设计为一体的综合设计机构，是田园综合体事业思想、创意的基地，是描绘蓝图、制定实践方案的核心力量。

三、田园综合体的其他实践

随着国家部委关于田园综合体的文件接连出台，其试点与建设正在加速。其实，在田园东方率先提出理念和开展实践的示范和启发下，全国很多地方关于田园综合体的探索和实践也纷纷开始，其路径也越走越宽。以下按照综合体建设资金的主要来源，将其分为两种模式予以分别介绍和点评，并附加国外田园综合体发展简介供读者参考。

（一）国内财政支持下的田园综合体模式（以朱家林田园综合体为例）

2017年6月，财政部下发《关于开展田园综合体建设试点工作的通知》，确定河北、山西等18个省份开展田园综合体建设试点。中央财政从农村综合改革转移支付资金、现代农业生产发展资金、农业综合开发补助资金中统筹安排，支持试点工作。各地政府结合前期的探索，以此为契机，加大了对田园综合体建设的支持，一批政府主导、财政支持的田园综合体项目发展迅猛。

不久后，山东省财政部门发布消息，在山东省财政系统农业综合开发部门的支持下，临沂市沂南县朱家林田园综合体建设项目，成为该省唯一的国家级田园综合体建设试点，将连续三年获得财政资金2.1亿元，其中，中央财政资金1.5亿元、省财政配套资金5400万元、市财政资金600万元。

在革命老区、贫困山区沂蒙山的深处，有这样一个遗落在大山怀抱中的古村落朱家林。与众多村落一样，稼林随着城市化浪潮的到来逐渐衰落，青壮年外出打工，三百多人的村子还剩下一百多人，大部分老房子已经空置，有些已坍塌成为废墟。2017年，当地政府联手32岁的乡村设计师宋娜，发起了一场共建共享乡村的实践，让这个已然被遗忘的村子焕发新生，并努力将其打造成国家第一批田园综合体试点项目。

当地打造田园综合体试点有其充分的自信。朱家林地处岸堤镇西北部，是一个典型的山村。这里的街道随着地势变化而变化，大街小巷宽窄不一，路面已硬化且街巷相通。零散坐落在不同山坡上的房屋，大多是青石块干插墙，有的红瓦盖顶，有的茅草苫顶，掩映在郁郁葱葱的梧桐、洋槐、楸树之间。高高的树杈上有的筑有鸟窝，悦耳的鸟鸣声不时传入耳中。碧波荡漾的高湖水库坐落在村庄西侧，水资源可谓优质。

山东省希望把朱家林打造成"脱贫攻坚、美丽乡村、特色小镇、新六产融合"的样板。沂南县出台的文件《沂南县朱家林田园综合体核心区策划及概念规划》显示，朱家林田园综合体总体定位为"多彩田园、纯净生活"，计划开发"红嫂"文化、沂蒙山区民俗文化、农创品牌、文创品牌、运动度假品牌等。

据介绍，综合体项目位于沂南县城西32公里处的岸堤镇，规划总面积12平方公里，核心区1平方公里，辖8个自然村，5158人，其中贫困人口425人。该项目按照"创新、三美、共享"的发展理念，遵循"保护生态、培植产业、因势利导、共建共享"的原则，以农民专业合作社、农业创客为主体，致力建设"创意农业＋休闲旅游＋田园社区"的田园综合体。

朱家林田园综合体主要建设青年乡村创客中心、社区服务中心、村民生产转型培训中心、村民图书馆、村史馆、村民剧场、旅游纪念品开发办公室、城乡资源配对办公室智能操控中心，以及民宿、生态建筑技术工坊、乡村度假酒店、乡村创意工坊、乡村创意集市、乡村健康饮食、朴门农业示范等项目。目标是实现全村劳动力就地就业、村集体增收，实现无劳动能力的年老体弱人员的兜底保障，尽快脱贫。

当地政府把设计变为营造，让设计师住到村子里，在现场进行设计，全面参与到施工过程中，设计与生活融为一体。他们先后建了三间民宿，分别是织布主题民宿、青旅主题民宿和木作主题民宿。以青年旅舍为例，原为村里的一所房子，是一个抹白的房子，空间也大，所以做成青年旅舍，保留了白色的记忆，成为当地唯一的一栋白房子。在村子正中心，建成了一座乡村生活美学馆。此处原为村里的活动场地，铺满了红色广场砖，与村子的风貌很不协调。如今建造美学馆，并保留广场，建筑就采用村子里盖房子用的石灰岩，形体就如一个长方盒子，嵌入两侧老房子围合的空间中。

笔者认为，财政支持的田园综合体项目在建设内容上，要重点抓好生产体系、产业体系、经营体系、服务体系等四大支撑体系建设。一是夯实基础，完善生产体系发展条件。加强田园综合体区域内"田园 + 农村"的基础设施建设，整合资金完善供电、通信、污水垃圾处理、游客集散、公共服务等配套设施条件。二是创业创新，培育农业经营体系发展新动能。通过土地流转、股份合作、土地托管等方式促进规模经营。三是突出特色，打造涉农产业体系发展平台。围绕田园资源，做大传统优势产业，稳步发展创意农业，构建支撑田园综合体发展的产业体系。四是完善功能，补齐公共服务短板。通过发展适应市场需求的公共服务平台，聚集现代生产要素，推动城乡产业链双向延伸对接，推动农村新产业、新业态蓬勃发展。

在笔者看来，财政支持对田园综合体建设当然是个好事。值得关注的是，在投融资机制方面，要积极创新财政投入使用方式，探索推广政府和社会资本合作，综合考虑运用先建后补、贴息、以奖代补、担保补贴、风险补偿金等手段，撬动金融和社会资本投向田园综合体建设。鼓励各类金融机构加大金融支持田园综合体建设力度，积极统筹各渠道支农资金支持田园综合体建设。要形成合力，健全优化运行体系建设。妥善处理好政府、企业和农民三者关系，确定合理的建设运营管理模式，形成健康发展的合力。

（二）依托电商特色小镇的田园综合体实践（以三瓜公社为例）

三瓜公社建于2015年9月1日，由安徽淮商集团与合巢经开区联手打造。早期规划总投资3亿元，历时近3年，是田园综合体的一类代表。

据三瓜公社有关负责人介绍，其改造范围是十平方公里，涵盖半汤街道部分区域以及周边十余个村。第一期改造冬瓜民俗文化村、南瓜电商村以及西瓜民宿美食村，建设理念是"把农村建设得更像农村"。在项目建设中通过互联网+三农，把三瓜公社打造成一二三产业与农旅相结合的美丽乡村。

三瓜公社把南瓜村里20世纪60年代的一个工业老厂房改造成三瓜公社总部办公所在地。三个"瓜"，需要进行统一的协调和管理，在早期规划的时候，在这三个村引入"三农产业"元素，每个村具有独特性和创意性，那么，三个村会更有活力。具体的产业规划主要包括三个村落：南瓜电商村、冬瓜民俗村和西瓜美食村。

南瓜电商村：重点打造成安徽电商特色小镇。早期称为电商村，2017年9月份，发改委下发文件批准南瓜村为安徽第一批电商特色小镇，因此，又称为三瓜公社电商特色小镇。现在南瓜村已经入驻了很多的电商企业，包括三瓜公社官方旗舰店、天猫官方旗舰店、京东等，以及微创全国联盟和创客空间，除此之外，还有很多的文创基地、乡村酒吧和特产销售门店。

冬瓜民俗村：包括半汤六千年民俗馆、古巢国遗址、手工作坊群，具有重大的科普和教育意义。冬瓜村是三瓜公社最早的一个村，最初仅仅把这里定义为民俗文化展示区，并没有考虑加入电商、民宿元素。村子的原名是东洼村，用当地的方言读起来和冬瓜村相似。在作坊里面，呈现了很多的手工艺做法。饮食上涉及麻花、焦糖、麻油、菜籽油、酱油和醋等。除了食品手工作坊以外，还会有体验性作坊，比如陶坊、布料坊和染坊等。每一个手工坊里都有相关的手艺人。

西瓜美食村：包括80户风情民居民宿、60家特色农家乐、10处心动客栈酒店。西瓜村面积较大，房子数量多，三瓜公社对农户的房子加以打造，着力打造了80户风情民居民宿，目标是既要正规化，又要有恬静休闲的感觉。不仅如此，还吸引大型的酒店入驻，使游客能体验到城市星级宾馆的行业标准。三个村改名的原因就是想让游客更长时间地保留对其的印象，方便游客记忆。当游客回到家里的时候，能够迅速地回想起曾经去过"三瓜村"这个地方。

三瓜公社以农旅为主营业务，引领三瓜公社的建设发展。致力于把三瓜公社打造成安徽旅游的一个观光点和集散中心。不仅如此，还要努力让农民成为旅游业的一分子。目前，已有一些项目落地，比如春天打造的三瓜公社第一届油菜花节，成功地让农民从农业从业者转成旅游业的从业者。以前，农户种植这些农产品的附加值都很低，但是通过一系列的农旅改造，对产业结构进行调整，大大增加了附加值。

三瓜公社一直在鼓励特色双创，吸引在外地打工创业的年轻人回乡创业、回乡就业。吸引外面的创客入乡来改变原本的空心村面貌。"中国人灵魂深处最大的愿望就是实现安居乐业，之所以有很多人去其他地方创业，就是因为家乡不能提供创业的环境，所以在三瓜公社建立初期，就鼓励在外的年轻人回来一同创业。"三瓜公社投资发展有限公司党支部书记、南瓜电商村负责人陈涛说，公社帮创业者搭建销售体系，开发产品，请导师进行培训，对农产品进行开发，把当地的农产品开发成商品，增加产品的议价空间，增加产品附加值。

笔者建议，针对田园综合体的要素支持，要创新土地开发模式，按照中央文件倡导，完善新增建设用地的保障机制，探索解决田园综合体建设用地问题。在完善科技支撑、吸引人才聚集、发展新产业新业态、健全运行服务体系等方面，坚持以市场机制为主，配合相关政策支持，使综合体走上充满活力的良性发展轨道。

（三）国外的田园综合体实践（以东亚型和西欧型为例）

尽管有些国家的田园综合体并不叫"田园综合体"的名字，但其本质上确是田园综合体。以此标准来看，主要发达国家的田园综合体起步均早于中国。其模式可以粗略分为以日韩为代表的东亚型，以法国、意大利为代表的西欧型和以美国、加拿大为代表的北美型。这也与这些国家农业农村的特征相吻合，东亚型的特点是人多地少、精耕细作、乡村文化绵长；西欧型的特点是家庭农场，人地关系适中，政府政策保护力度大；北美型的特点是大农场型，人地关系宽松，自由竞争性强。其中，前两者对中国田园综合体的借鉴作用尤其明显，简单介绍如下。总体情况由该国农业部官方网站和当地媒体的报道整理而成，以期国内有志者有所借鉴。

1. 意大利

20世纪80年代，意大利城镇化开始普及，越来越多居民搬到城市居住，因而村落里人烟日益稀少，留下数以百计的闲置房屋。为了防止这些美丽的地中海式村落的衰落，投资者在村落里买下旧宅，加以装饰活化，成为独具特色的分散式酒店。这让空置房屋得以重新利用，避免了资源的大量流失，游客的增加和消费也遏止了这些村庄走向衰落。乡村客房分散在村庄的各个位置，在原有房屋的基础上进行维修和改造后，建为接待登记、公共活动、餐饮休憩等场所。住户的活动范围是整个村镇，因此可同当地居民直接接触，感受原汁原味的风俗文化。

意大利田园综合体的管理者们利用乡村特有的丰富自然资源，将乡村变成具有教育、游憩、文化等多种功能的生活空间。这与该国政府重视环保、发展生态农业不无关系。这种田园综合体发展经营模式使乡村成为一个"寓教于农"的生态教育农业园，人们不仅可以从事现代的健身运动，还可以体验传统耕作方法。乡村变成了具有教育、游憩、文化等多种功能的生活空间。人们看到的是一派山青水秀、建筑有序、干净整洁、清新自然的优美田园风光景象。

2. 法国

二战之前，法国一直是欧洲地区的农业落后国家。二战后，法国通过持续不断的乡村振兴政策，其中包括"乡村复兴区"等，分类分区分阶段规划建设。法国1996年建立了1.2万个乡村复兴区，为这些复兴区提供扶持政策，比如豁免雇主的社保金和税收、进行财政补贴、放宽一些政策限制和鼓励跨社区跨市镇发展等。这让法国的乡村走上了快速发展的道路。如今法国已成为欧盟第一农业强国，其农产品出口一度是法国外贸顺差的主要来源。与此同时，法国是世界上最早发展旅游业的国家之一，依托丰富而独特的旅游资源，其一直保持着欧洲第一大旅游国的地位。

基于以上背景，法国田园综合体以及乡村旅游发展呈现出多样化的模式，主要包括乡村民宿、户外旅馆和露营等，其主要目的在于创造出一个原真性的绿色旅游形态，以此来吸引寻求安逸和探索的游客，特别强调与游客的积极沟通，注重游客的活动体验。这在多元化的乡村旅游形态，民宿农庄、度假农庄中尤为典型。自从法国推出"农业旅游"后，以农场经营为主的田园综合体得到较快的发展。这些农场基本上是专业化经营，既有以度假为主的民宿农庄、露营农场，也有以美食品尝为主的农场饭店，还有适应欧洲居民习俗的骑马农场、教学农场、探索农场和狩猎农场等形式。法国田园综合体建设的目标简单，就是满足人们放松的需求，并不附加太多的社会功能。

3. 韩国

韩国于20世纪70年代开展了"新村运动"。"新村运动"使韩国农村发生了巨大变化，特别是农村硬件环境得到大幅度改善，农村观光具备基本条件。1984年，自韩国出台有关农村观光政策开始，以"农村观光休养资源开发"项目的形式出台了促进观光农业园、民宿村庄、周末农业园等发展的诸多政策措施。2002年，韩国政府正式出台促进农村观光的一系列政策。政策重点是不再扶持观光农业园等个体经营单位，转向支持以村庄为单位的农村观光。韩国政府通过公开招标的方式，评选符合条件的村庄，予以资金支持。同时，韩国各地方政府也在积极促进农村观光发展，以各种项目形式打造观光村庄。

近些年来，韩国农村人口的减速大幅下降，京畿、忠清北道、忠清南道等地区甚至出现增长趋势，农村两极分化的现象远甚于城市。可见，韩国发展田园综合体的初衷与我国相似。其经典形式是"周末农场"和"观光农园"，开发者比较注重资源整合，海滩、山泉、小溪、瓜果、民俗都成为综合体的主题，也注重创意项目开发，深度挖掘农村的传统文化和民俗历史等并使其商品化；而政府则注重政策支持与资金扶持，注重严格管理其乡村旅游和经营行为。

最后，笔者作个简短的总结。

今天这个时代，是一个技术高速发展，从而带来产业快速变革，进而带来社会形态重塑，人文主义思潮必然格外蓬勃的时代。"复兴田园，寻回初心"，这句口号不仅仅是情怀表达，更是现代社会和人的真实需要！

在国家实施乡村振兴战略的今天，在工农城乡关系加快调整、融合发展的新时代，新田园主义和田园综合体将持续展现出无限的理论魅力和旺盛的生命力。理论尚浅、实践未丰。我们相信，这一切思考和实践，会消除城里人和农村人的界限，也会给城里人和农村人带来更多的美好生活！

参 考 文 献

埃比尼泽·霍华德:《明日的田园城市》,金经元译,商务印书馆2000年版。

陈涛:《解密安徽"三瓜公社":互联网+三农的创业故事》,搜狐网科技频道,2017年10月24日。

陈锡文:《从农村改革四十年看乡村振兴战略的提出》,《农村工作通讯》2018年第9期。

陈霞:《费孝通小城镇建设思想研究》,陕西师范大学2009年硕士学位论文。

仇保兴:《19世纪以来西方城市规划理论演变的六次转折》,《规划师》2003年第11期。

邓洪洁:《费孝通的小城镇建设思想研究》,华中师范大学2012年硕士学位论文。

狄涛:《现代田园城市规划理论的溯源与实践研究——以西咸新区为例》,长安大学2014年硕士学位论文。

费孝通:《费孝通文集》,群言出版社1999年版。

费孝通:《费孝通论小城镇》,群言出版社2000年版。

费孝通:《我看到的中国农村工业化和城市化道路》,《浙江社会科学》1998年第7期。

费孝通:《小城镇 大问题》,江苏人民出版社1984年版。

费孝通:《小城镇四记》,新华出版社1985年版。

何刚:《近代视角下的田园城市理论研究》,四川大学2007年硕士学位论文。

解艳:《霍华德"田园城市"理论对中国城乡一体化的启示》,《上海党史与党建》2013 年 12 月号。

金经元:《谈霍华德明日的田园城市》,《国外城市规划》1996 年第 4 期。

李亮:《休闲旅游地产盈利模式浅析——以无锡田园东方为例》,《科技视界》2016 年第 22 期。

李青海:《田园综合体建设的路径选择》,《经济论坛》2017 年第 9 期。

刘奇:《"田园综合体":怎么看,怎么建?》,《北京日报》2017 年 5 月 15 日。

刘易斯·芒福德:《城市发展史——起源、演变和前景》,宋俊岭、倪文彦译,中国建筑工业出版社 2005 年版。

卢桂敏:《田园综合体试点:理念、模式与推进思路》,《地方财政研究》2017 年第 7 期。

马万利、梅雪芹:《有价值的乌托邦——对霍华德田园城市理论的一种认识》,《史学月刊》,2003 年第 5 期。

彭南生、金东:《论费孝通的乡村工业化思想》,《史学月刊》2010 年第 11 期。

钱强:《浪漫田园——无锡阳山田园生活示范区设计》,《建筑学报》2015 年第 1 期。

乔金亮、张诚:《复兴田园归初心》,《经济日报》2017 年 3 月 21 日。

乔金亮:《建设田园综合体的核心是"为农"》,《经济日报》2017 年 8 月 8 日。

乔金亮:《营造城乡共享的新型栖居地》,《经济日报》2017 年 8 月 14 日。

宋逸:《田园城市理论及其实践历史》,上海师范大学 2014 年硕士学位论文。

苏雁、李锦:《小城镇关系大问题》,《光明日报》2013 年 12 月 8 日。

田中磊:《基于西咸新区总体规划对"田园城市"理论的再思考》,西安建筑科技大学 2015 年硕士学位论文。

吴志强:《百年现代规划中不变的精神和责任——纪念霍华德提出"田园城市"概念 100 周年》,《城市规划》1999 年第 1 期。

徐天:《陈锡文回应土改质疑》,《中国新闻周刊》2016 年第 10 期。

杨柳:《田园综合体理论探索及发展实践》,《中外建筑》2017 年第 6 期。

沂南县政府文件:《沂南县朱家林田园综合体核心区策划及概念规划》,

2017年。

张诚、徐心怡:《新田园主义理论在新型城镇化建设中的探索与实践》,《小城镇建设》2017年第3期。

张诚:《田园综合体模式研究》,北京大学光华2012年EMBA毕业专题报告。

赵夏榕:《休闲旅游应走向扎根于当地的经济规划和社会生活:访田园东方投资有限公司总裁张诚》,《设计家》2014年第3期。

周其仁:《城乡中国》,中信出版社2013年版。

乔金亮:《田园城市,梦中的家园在成长》,《经济日报》2016年9月9日。

田园东方企业简介

田园东方投资集团有限公司（以下简称"田园东方"）源于2011年，公司于2012年开始田园综合体模式理论构建和项目实践，2016年起重组公司业务和组织架构，专注田园综合体模式开发和运营，主张以文旅产业带动城乡融合的新型城镇化发展。

田园东方是**城乡融合的田园综合体实践者和新田园主义生活与文化倡导者**，是以**新田园主义理论**为指导，以**田园综合体**为商业模式，以**文旅产业**为主要业务，开展**田园小镇及田园乡村**开发、运营的企业。

田园东方拥有专业的文旅策划、规划、开发、运营团队并积累文旅、农业等一系列业态品牌，已建成以无锡田园东方为代表的一批乡村振兴、新型城镇化、田园文旅创新产品等标杆项目。无锡阳山田园东方是江苏省知名旅游品牌，无锡市休闲旅游新名片，国内新型城镇化、城乡融合示范项目和乡村旅游新标杆、中国最受欢迎亲子旅游目的地。

田园东方以"复兴田园，寻回初心""我有一亩心田"为企业口号，目前布局华东、京津、成渝，从理论到实践，不断思考、不断探索，深耕发展。

关注微信了解更多田园综合体理论思考和实践探索：

张诚·又见田园
分享田园理论见解
追寻乡村田园梦想

田园东方
复兴田园　寻回初心
北京市朝阳区北苑路甲 13 号院 2 号楼 17A
010-84905105

田园东方蜜桃村
我有一亩心田
无锡市惠山区桃溪路与阳杨路交汇处
400 8280 770

北京·袈蓝建筑
雕琢自己　成就他人
北京市西城区南新华街 177 号二楼
010-63109631

上海·乡见设计
新田园主义实践者
上海市静安区常德路 800 号 C3 幢楼 204
021-52301076